dumont taschenbücher

Ralph Tegtmeier, 1952 in Ägypten geboren. Studium der Vergleichenden Literaturwissenschaft und Anglistik. Lebt als freier Autor, Übersetzer und Seminar-Referent in der Nähe von Bonn.

Ralph Tegtmeier

Sternenglaube
Sternenzauber

Das Weltbild der Astrologie

DuMont Buchverlag Köln

Umschlagabbildung: Ausschnitt aus den Deckenfresken in der ›Sala del Mappamondo‹ im Palazzo Farnese in Caprarola bei Viterbo

CIP-Titelaufnahme der Deutschen Bibliothek

Tegtmeier, Ralph:
Sternenglaube – Sternenzauber: das Weltbild der Astrologie /
Ralph Tegtmeier. – Erstveröff. – Köln: DuMont, 1990
  (DuMont-Taschenbücher; 245)
  ISBN 3-7701-2183-X
NE: GT

Erstveröffentlichung
© 1990 DuMont Buchverlag, Köln
Alle Rechte vorbehalten
Satz, Druck und buchbinderische Verarbeitung: Boss-Druck, Kleve

Printed in Germany   ISBN 3-7701-2183-X

Inhalt

Einleitung 7

Was ist Astrologie? Eine kleine Archäologie des Geistes   15

Gestirnkunst in Chaldäa und Babylon   57

Die Astrologie des alten Ägypten   71

Die Astrologie der Antike   79

Andere Kulturen: China, Indien, Arabien, Altamerika   123

Die Astrologie des Mittelalters.   145

Hoch-Zeit der Astrologie:
Von der Renaissance bis zum Barock   157

Schmähliches Ende:
Der Niedergang der Astrologie bis zum 19. Jahrhundert   170

Die Astrologie im 20. Jahrhundert   177

Kleines astrologisches Glossar   191

Anmerkungen   195

Bibliographie   196

Fotonachweis   199

Meinem Lehrer

Heinrich Bessler zugeeignet,

---

*dessen astrologische Prognosen
ich schätzen – und fürchten – gelernt habe*

Einleitung

Sternenglaube, Sternenzauber. Nicht immer war das Himmelsgewölbe alleiniges Beobachtungsobjekt prosaischer Wissenschaftler, die ihm mit nüchternem Blick und Hightech-Präzisionsgeräten seine Geheimnisse zu entreißen versuchten. Es gab Zeiten, da das Firmament als beseelt galt, als Tummelplatz astraler Schutzgeister und böser Dämonen.

Nicht nur das Wetter kam von oben, auch der Lauf des Schicksals wurde daran abgelesen, welche Zeichen die Götter dem Menschen am Himmel offenbarten. Regierten Sonne und Mond nicht den Tag und die Nacht? War es nicht seltsam, ja ehrfurchtgebietend, wie sich diese beiden Lichter ständig veränderten? Schien es nicht so, als würde die lebensspendende Sonne jeden Abend aufs neue sterben, um am nächsten Morgen wiedergeboren zu werden? Was hatte es mit dem Mond auf sich? Warum erschien er mal prall und saftig, um dann wieder seine Kraft zu verlieren und schließlich gänzlich zu verschwinden? Wie konnte dieses seltsame Ding dort oben wachsen und kleiner werden? Und was hatte das für den Menschen zu bedeuten, der diesen Erscheinungen ausgeliefert war? Wer schob die Wandelsterne über den dunklen Samt der Nacht – und warum?

Die Art der Fragestellung hat sich seitdem sehr verändert, die Entmystifizierung des Weltalls gehörte zu den frühen Leistungen menschlichen Geistes. Waren Astronomen früher stets auch Astrologen und umgekehrt, so sind aus diesen beiden inzwischen unversöhnliche Gegner geworden. Eines haben Raumsonde und Horoskop-Schema jedoch noch heute gemein: Beide wollen sie dem Menschen Klarheit verschaffen über die Dinge, die zwischen Himmel und Erde geschehen. Auch wenn die Astronomie sich mittlerweile mit ihrer Mutter, der Astrologie, entzweit und sie mit Schimpf und Schande aus dem Haus gejagt hat, bleibt das Mysterium des Weltalls.

1 Im Mittelpunkt der Astrologie steht der nach Gewißheit und Erkenntnis suchende Mensch, der sein Schicksal im Zusammenhang mit dem Lauf der Sterne sieht.
Petrarca-Meister (1514–1536), gedruckt 1572

Das Wort ›kosmische Kräfte‹ klingt nach metaphysischer Spekulation, doch gehen Vertreter beider Disziplinen davon aus, daß das irdische Leben in steter Symbiose mit dem Kosmos stattfindet, auch wenn sie zu seiner Erforschung unterschiedliche Faktoren berücksichtigen und andersartige Ziele verfolgen.

Der Astrologie der Gegenwart ist die Himmelsbeobachtung weitgehend fremd; sie befaßt sich kaum mehr mit ihr. Die Astrologen haben pragmatisch erkannt, daß die Astronomen ihre Grundlagenarbeit weitaus effizienter erledigen können als sie.

Vorbei sind die Zeiten, da der Astrologe die Planetenstände noch selbst mit ›unbewaffnetem‹ Auge verfolgen mußte: Die heutigen Gestirnstandstabellen, Ephemeriden genannt, werden von Institutionen wie der NASA errechnet; Computer wickeln in Sekundenbruchteilen komplizierteste sphärisch-trigonometrische Kalkulationen ab und machen Analysen und statistische Experimente möglich, von denen die Astrologen der Antike nicht einmal zu träumen gewagt hätten.

Schließlich war die Astrologie schon immer eine Symbolwissenschaft, die sich zwar auf die realen, objektiven Ereignisse am Firmament stützte, daraus aber philosophisch-spekulative Schlüsse zog und Zusammenhänge mit dem sublunaren Leben ermitteln wollte, die es nach heutigem Wissenschaftsverständnis nicht geben kann. In diesem Sinne ist sie eher mit der Theologie und der Psychologie verwandt als mit der Astronomie, auch wenn es unter ihren Vertretern immer wieder Bestrebungen gegeben hat, sie auf ein astrophysikalisches Fundament zu stellen.

Die Sterndeutung ist im Spannungsfeld zwischen Makro- und Mikrokosmos zu Hause. Hier kann sie unter Beweis stellen, was sie vermag – und natürlich auch, wo ihre Schwächen liegen. Galt die Astrologie für viele immer schon als ›königliche Kunst‹ der Lebensbewältigung, ja sogar als tabuisiertes Herrschaftswissen und als Wettbewerbsvorteil im Kampf um Macht und Einfluß, so war sie zugleich seit frühester Zeit nicht unumstritten. Ihre Kritiker traten nicht erst, wie oft geglaubt wird, mit der Aufklärung und dem Rationalismus auf den Plan – schon in der Antike erhoben zahlreiche Philosophen und Naturforscher ihre Stimme wider diese ›Afterwissenschaft‹, die den Menschen in fatalistische Abhängigkeit von zweifelhaften Schicksalsdeutern bringe und ihm den freien Willen abspreche.

Gefeiert, dann wieder verfemt, erlebte die Sterndeutung Blütezeiten und Niedergänge. Doch wie die Himmelskörper selbst, die im rhythmischen Auf und Ab verschwinden und aufs neue erscheinen, kehrte auch die Astrologie immer wieder aus ihrem Exil zurück, manchmal stark gezeichnet und mit Blessuren, häufiger aber noch bereichert durch die Jahre im ›Untergrund‹ und der Auseinandersetzung mit neuem Gedankengut oder fremden Kulturen.

Wie immer man auch zu ihr stehen mag, hat es die Astrologie doch stets verstanden, die Gemüter der Menschen zu bewegen: beruhigend und leitend ebenso wie provokativ und irreführend. Aber auch zu jenen Höhen des ›Erkenne dich selbst‹ hat die Astrologie den Menschen geführt, wie es seit jeher das Thema all jener gewesen ist, die es sich zum Anliegen gemacht haben, hinter den Schleier der Zeit zu spähen und dem Universum ein Stück jener geheimen Ordnung zu entreißen, die es nach ihrer Auffassung überhaupt erst zu einem lebenswerten Ort macht.

2 Archimedes beobachtet die Prozession des Tierkreises am Firmament, umgeben von den vier Elementen: ein Sinnbild der Einheit allen kosmischen Seins

Und sie hat unauslöschliche Spuren hinterlassen, tut es immer noch: in der Philosophie, in der Kunst, in der Architektur, in der Wissenschaft, im Alltagsleben aller Epochen. Die babylonischen Priesterkönige, die gottgleichen Pharaonen Ägyptens, die Tyrannen der griechischen Antike, die Kaiser des alten Rom, die aztekischen Herrscher ebenso wie die Kaiser Chinas und die Könige Indiens; Päpste, Dichter, Denker, Philosophen – sie alle setzten sich mit der Astrologie auseinander, glaubten an sie, rieben sich an ihr, lehnten sie ab und ließen ihr Gedankengut dennoch in ihr eigenes Werk einsickern, als Politiker ebenso wie als Künstler.

Ein Land wie Nepal besitzt noch heute einen offiziellen Hofastrologen, ein Staatsorakel also, und manche ›aufgeklärten‹ Herrscher unserer Zeit, darunter sogar amerikanische Präsidenten, lassen sich diskret und verstohlen von Sternenkundigen beraten, wollen den Lauf der Dinge ergründen.

Selbst im Zweiten Weltkrieg wurde noch auf beiden Seiten der Front astrologisch gearbeitet – zwar mehr zu Propagandazwecken, doch unverkennbar auf die realistische Einschätzung der Faszination bauend, die der Astrologie in unserem Jahrhundert vielleicht stärker zu eigen ist als je zuvor.

Kaum eine große Illustrierte, kaum eine Tageszeitung, die es sich noch nehmen ließe, eine Horoskop-Spalte anzubieten; es ist sogar belegt, daß die Auflagenzahlen empfindlich sinken, wenn Chefredakteure eine solche Kolumne wieder abschaffen. Zwar als ›harmloses Gesellschaftsspiel‹ belächelt, ist die Lektüre des täglichen oder wöchentlichen Horoskops doch für viele Menschen zu einem absoluten Muß geworden, auch wenn professionelle Astrologen immer wieder darauf hinweisen, daß derlei ›Sonnenstandsastrologie‹ die Grenze zur Scharlatanerie schon längst überschritten habe.

Die Schätzungen schwanken zwar, doch scheint die Vermutung realistisch, daß allein in der Bundesrepublik Deutschland jährlich etwa 250 Millionen Mark für astrologische Beratungen, Seminare, Ausbildungen und Literatur ausgegeben werden, weltweit dürften sich diese Ausgaben zu einer Milliardenhöhe summieren.

Astrologie ist – nicht zum ersten Mal in ihrer Geschichte – zu einem ernstzunehmenden Wirtschaftsfaktor geworden. Als die Deutsche Bundespost vor einigen Jahren den Vorschlag eines Frankfurter Astrologen, neben telefonischer Zeitansage, Reiseinformationen und Börsenkursen auch einen täglichen Horoskopdienst anzubieten, ›wegen mangelnden Bedarfs‹ ablehnte, bewies dieser ihr kurzerhand das Gegenteil: Er richtete auf eigene Faust einen solchen kostenlosen Dienst ein, mit dem Ergebnis, daß er schon im ersten Jahr trotz minimaler Werbung über 100 000 Anrufe verzeichnen konnte.

Kurzum, die Astrologie ist aus der menschlichen Geschichte kaum mehr wegzudenken, ob es ihren Gegnern gefallen mag oder nicht.

Die Astrologie ist aber auch unter den Geheimwissenschaften einzigartig, da nur sie wirklich die Apotheose der Zeitdimension darstellt:

Mit ihr versucht der Mensch, diesem flüchtigen, scheuen Gebilde eine Methode abzutrotzen, angefangen beim Kalender und endend bei der auf die empirische Beobachtung von Zeitqualitäten gestützten Ereignisprognose. Wie andere Orakelkünste wagt sie den Blick in die Zukunft, doch nur sie unternimmt den Versuch, die Rhythmik allen Lebens – und nicht nur die des stellaren allein – auf eine verständliche, greifbare Formel zu bringen. Da scheint es fast unerheblich, ob diese Anstrengung mit Erfolg gekrönt wurde oder nicht: Die Folgen jedenfalls sind nicht zu verkennen.

Letztlich bleibt Astrologie eine Glaubenssache. Auch wenn ihre Kritiker immer wieder behaupten, die Astrologie sei wissenschaftlich einwandfrei widerlegt worden, steht dagegen eine Reihe überzeugender, statistisch einwandfreier Gegenbeweise, die von namhaften Forschern vorgelegt wurden. Außerdem entzieht sich diese Disziplin von ihrem ganzen Wesen, von ihrer Entstehung und von ihrer Zielsetzung her dem strengen Reduktionismus naturwissenschaftlicher Methodik. Denn wenn sie auch häufig das Unberechenbare voraussehen will, ist doch nicht alle Astrologie Prognostik. Es hat bereits in frühester Zeit immer wieder Bestrebungen gegeben, gerade diesen umstrittensten Aspekt der Sterndeutung in den Hintergrund zu drängen zugunsten der reinen Charakteranalyse. Eine solche aber läßt sich nicht mit dem Instrumentarium der exakten Wissenschaften beurteilen.

Andererseits haben sich die Astrologen und jene, die sich für solche ausgaben (und es heute noch tun), ihre Verfemung nicht selten selber zuzuschreiben. Am Beispiel des Dritten Reiches wird deutlich, mit welchem Opportunismus gerade Astrologen immer wieder versucht haben, sich den Herrschenden anzudienen, um sich damit möglichst zu ihren Lehrmeistern aufzuschwingen.

Die Geschichte zeigt, daß Astrologen seit jeher im Dienst der Unterdrücker standen; gelegentlich waren sie auch verschwörerisch im Interesse anderer Usurpatoren tätig und verrieten oft ihre eigene Kunst, indem sie systematisch Horoskope und Prognosen fälschten, um daraus politisches Kapital zu schlagen. Oft genug haben sie ihre vertrauensseligen Klienten – arme wie reiche – in Abhängigkeit gehalten und eben jene Angst und jenen Schrecken verbreitet, den sie als Orakeldeuter und Zukunftsschauer doch eigentlich verhindern helfen sollten. Denn Astrologie will Sicherheit bieten, will dem Menschen eine

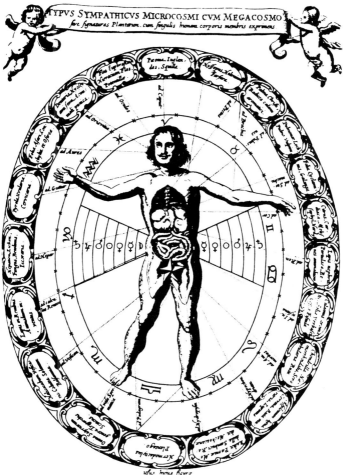

3 Schon früh spielten auch astromedizinische Zuordnungen der Planeten und Tierkreiszeichen eine bedeutende Rolle in der Astrologie. Kupferstich aus Athanasius Kirchers »Mundus subterraneus« (1688)

Orientierung geben angesichts einer weitgehend stummen, feindseligen Welt. Sie soll Schicksalshilfe sein im allerbesten Sinn, indem sie Möglichkeiten und Wahrscheinlichkeiten aufzeigt, wo andere Disziplinen nur ohnmächtig zu schweigen vermögen. Das jedenfalls ist ihr eigener Anspruch, und an ihm allein darf sie gemessen werden.

Es kann angesichts einer über 5000jährigen Geschichte nicht verwundern, daß das Urteil nicht immer eindeutig und schon gar nicht immer ausschließlich positiv ausfallen kann.

Doch solche Fragen sollen nicht im Mittelpunkt unseres Buches stehen. Vielmehr ist es unser Anliegen, dem Phänomen Astrologie durch die Zeiten nachzuspüren, ihre Aufstiege und Niedergänge zu verfolgen, ihre Wiedergeburten und ihre Todeskämpfe. Wir wollen unseren Blick etwas für den gewaltigen Einfluß schärfen, den die Astrologie – geliebt und gehaßt – auf das kulturelle und philosophische, auf das politische und wirtschaftliche, auf das religiöse und mystische Leben des Menschen hatte (und immer noch hat), seit jenem ersten Tag, da man einen Zusammenhang zu erahnen begann zwischen dem Lauf der Gestirne und dem Dasein auf dem Planeten Erde.

Was ist Astrologie?
Eine kleine Archäologie des Geistes

»Wie das Oben, so das Unten«, lautet das Grundgesetz der hermetischen Philosophie, deren Entstehung in der hellenistischen Antike der mythischen Figur des »dreifach großen Hermes« (*Hermes Trismegistos*) zugeschrieben wurde. Man könnte darin den Leitsatz aller Astrologie sehen, auch jener, die lange vor der Hermetik und dem Neuplatonismus entstand.

Bevor wir uns in den folgenden Kapiteln etwas eingehender mit der Geschichte und den zahlreichen Spielarten der Sterndeutung befassen, wollen wir uns den Grundstrukturen des Gegenstands unserer Betrachtung widmen, weil damit unnötige Wiederholungen vermieden werden können und das Geschilderte aus dem Gesamtzusammenhang heraus leichter verständlich wird.

Auch wenn viele Astrologen es nicht gern hören, ist die Astrologie zumindest von ihrer Entstehungsgeschichte her vor allem eine magische Disziplin. Trotz mancher Verfallserscheinungen, Neuerungen, Reformen und Psychologisierungen (vor allem in der Jetztzeit) fußt sie im wesentlichen noch immer auf den Vorgaben der alten Chaldäer und der antiken Sternenkunde. Diese aber standen fest auf dem Boden magischer Vorstellungen.

Die Frage, ob die Astrologie die Mutter der Magie ist oder etwa ihre Tochter, läßt sich profanhistorisch dennoch nicht eindeutig entscheiden; zu groß sind nachweislich die Wechselwirkungen zwischen beiden Disziplinen. Tatsache ist jedoch, daß es die Sternenkunde war, die – vor allem als mantische Kunst – zum Hauptvehikel magischen Denkens in der abendländischen Zivilisation wurde, eine Funktion, die sie noch heute wahrnimmt.

Was aber sind die Grundlagen des magischen Denkens?

Bei allen kulturellen und sozial bedingten Unterschieden zeichnet sich die Magie aller Erdteile und Zivilisationen durch eine Reihe gemeinsamer Grundannahmen aus. Diese sollen im folgenden knapp zusammengefaßt werden, um sie dann ausführlicher im Hinblick auf die Astrologie zu erläutern.

1. Die Schöpfung folgt gewissen (den meisten Menschen verborgenen) Gesetzen, die der Wissende erkennen und für sich und andere nutzen kann.
2. Alles im Universum steht mit allem anderen in Verbindung.
3. Dieses Verbindungsgefüge ermöglicht es, vom einen auf das andere zu schließen, sofern dabei bestimmte Regeln beachtet werden.
4. Raum und Zeit sind Grenzen, die durch Erkenntnis/Offenbarung und/oder magische Macht bewältigt oder aufgehoben werden können.
5. Durch Kenntnis der okkulten Gesetze ist der Mensch dazu in der Lage, sowohl in die Zukunft zu schauen als auch auf kommende Ereignisse Einfluß zu nehmen, sie zu bewirken oder zu verhindern, sie zu stärken oder zu schwächen.

Im Zusammenhang mit der Astrologie bedeutet das, hier mit einer lange Zeit vor allem von Priestern streng geheim gehaltenen und vor der profanen Masse eifersüchtig gehüteten Disziplin der Schicksalsbewältigung konfrontiert zu werden.

In einem Universum, in dem alles mit allem anderen in Verbindung steht, läßt sich auch, und das geht aus dieser Prämisse folgerichtig hervor, alles auf alles andere zurückführen. Mit anderen Worten: Die Sterne können Schicksale anzeigen wie eine Orakelschrift – ob sie diese nun direkt beeinflussen (Wirkungstheorie) oder nur als neutrale Zeugen analog widerspiegeln (Symboltheorie). Da diese Schrift erlernbar ist, können die gewonnenen Kenntnisse darauf verwendet werden, die Sprache des kosmischen Ganzen zu verstehen und daraus entsprechende Konsequenzen zu ziehen.

Schon früh setzt in der Astrologie die Debatte über die Stellung des freien Willens ein: Zwingen die Sterne, indem sie ein unabänderliches Schicksal anzeigen? Oder machen sie tatsächlich nur geneigt? Zeigen sie allenfalls Wahrscheinlichkeiten an?

Immer wieder begegnen wir im Laufe der Geschichte diesem Spannungsfeld zwischen Astralfatalismus und freier Schicksalsgestaltung.

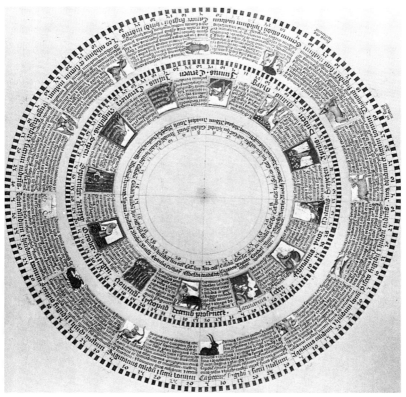

4 Die Sterne regieren die Charaktertypen, aber auch die Jahreszeiten und ihre Tätigkeiten auf diesem Tierkreis aus dem 14. Jhdt.

Ohne hier näher darauf eingehen zu können, ist es für den der Astrologie Unkundigen – und vielleicht noch mehr für den Astrologiekritiker – von Interesse zu erfahren, daß sich die Vertreter der mantischen Sternenkunde schon seit der Antike mit diesem Problem befaßt haben.

Auch das Für und Wider der Sterndeutung muß jeder mit sich selbst ausmachen. Gewiß bietet die Astrologie mehr als genug Spielraum für jede Art von Leichtgläubigkeit (was von Scharlatanen weidlich genutzt wird), aber dies rechtfertigt nicht die blinde Polemik, mit der manche

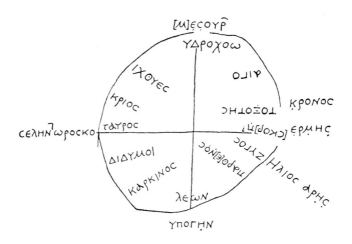

ἀμόμονται· ὃ διαμαρτιλίω· τοῦτο γὰρ καὶ ὁ Θαυμάσιος
Ὅμηρος αἰνιττόμενος ὑφαίρει· ὁ δὲ θεὸς τὰ μετέωρα
καὶ ὑπὸ χθονίου. καὶ ἀλλαχοῦ· σὺν γὰρ θεῷ ἡλιοθεμόρ-
τὸ δὲ σχῆμα τοῦ θέματα :-

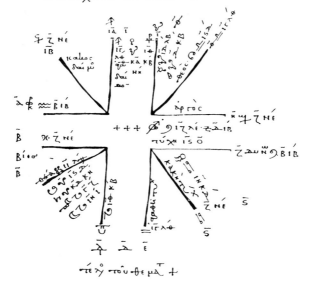

τέχν τοῦ θεμα̅τ̅ †

Wissenschaftler diese altehrwürdige Disziplin ungeprüft aus ihrem Kosmos verbannen.

Wenn führende Naturwissenschaftler und Nobelpreisträger, wie vor einigen Jahren geschehen, sich dazu hergeben, ein Manifest wider die Astrologie zu unterzeichnen, ohne sich jemals eingehender mit dem Objekt ihres Abscheus befaßt zu haben, so fragt sich der Laie kopfschüttelnd, wie es denn dann um die Seriosität der übrigen naturwissenschaftlichen Praxis bestellt sein mag. Da fällt manchem die vielzitierte Antwort ein, die kein geringerer als Isaac Newton einem Kritiker der Astrologie, Edmond Halley, entgegengeschleudert hat: »Mein Herr, im Gegensatz zu Euch habe *ich* diese Disziplin erforscht!« Es scheint jedoch symptomatisch für das Zeitalter des Rationalismus, daß die Wissenschaftsgeschichte nun schon seit Jahrhunderten geflissentlich über die Tatsache hinwegzusehen versucht, daß sich der weitaus überwiegende Teil von Newtons Schriften eben gerade mit der Astrologie beschäftigt und nicht mit der Physik ...

Die Astrologie vermag die Gemüter zu erhitzen, was nicht neu ist, denn bereits die alten Babylonier und Griechen waren sich ihrer Problematik weitaus bewußter als die rationalistischen Denker unserer Tage. Schließlich war die Astrologie ihr täglich' Brot, und zur damaligen Zeit war es von ungeheurer Wichtigkeit, den Naturgewalten und dem Kollektivschicksal ein gewisses Maß an Berechenbarkeit abzuringen. So ist es nur konsequent, daß die älteste Form der Astrologie, die babylonische, sich fast ausschließlich mit profanen Aussagen über die Wahrscheinlichkeit von Ernten, Seuchen und Kriegen sowie mit dem Schicksal des Königshauses beschäftigte, während das individuelle Geburtshoroskop eine vergleichsweise späte Entwicklung bedeutet. In diesem Sinne darf man die frühe Astrologie sicherlich als eine Form der ›Überlebenstechnologie‹ verstehen – was sie heute gewiß nicht mehr ist.

Andererseits bedienen auch wir uns unserer Auguren, die sich allerdings neuzeitlich etwa Statistiker, Meteorologen, Börsenprognostiker nennen. Die Techniken der Vorhersage mögen sich gewandelt haben, das Bedürfnis nach Überschaubarkeit der Zukunft aber ist geblieben.

◁ 5 Zu den ältesten erhaltenen Horoskopen zählen diese griechischen ›Stundenschauen‹

Im Zuge des allgemeinen Trends zur ›ganzheitlichen Betrachtungsweise‹, ausgelöst durch die zunehmende Problematik ökologischer Prozesse, hat sich an der eingefahrenen Feindseligkeit zwischen den Anhängern der Sterndeutung und ihren Gegnern allerdings in den letzten Jahren manches geändert. Mittlerweile kann ein Philosoph wie Paul Feyerabend mit Genuß und unter großem Applaus die akademische Nomenklatura provozieren, indem er sein Geburtshoroskop auf dem Waschzettel seiner Bücher abdrucken läßt. Die Transpersonale Psychologie greift auf viel frühere Ansätze des allgemein anerkannten Tiefenpsychologen und Freud-Schülers C. G. Jung zurück, wenn sie sich mit ›verdrängtem Wissen‹ befaßt. Zwar hat sich Jungs hoffnungsfrohe Feststellung, daß die Astrologie mittlerweile an die Tore unserer Universitäten klopfe, bisher noch nicht in erkennbarem Ausmaß bestätigt; aber die – irrationale – Voreingenommenheit rationalistischer Verfechter weicht zunehmend einer etwas gelasseneren Betrachtungsweise.

Angesehene Forscher wie Gauquelin und Eysenck bemühen sich darum, die Astrologie mit wissenschaftlichen Methoden vorurteilslos auf ihren Wahrheitsgehalt abzuklopfen. Dabei kommen sie oft zu erstaunlichen Ergebnissen, die zahlreiche Grundannahmen der Sterndeutung bestätigen. Diese werden dann mit Vorliebe von den Verfechtern dieser Disziplin zitiert und in die Argumentation eingebracht. Andererseits muß gesagt werden, daß nach dieser Methode die überwiegende Zahl astrologischer Grundannahmen bisher nicht bestätigt werden konnte. Außerdem wenden erfahrene Astrologen überzeugend ein, daß die dabei verwendeten statistischen Methoden der hochkomplizierten und eher auf symbolischer Bilddeutung beruhenden Astrologie niemals gerecht werden können. Ebensowenig könne man mit klinisch-statistischen Methoden feststellen, wieviele Dichter beispielsweise menschliche Emotionen wirklich treffend wiederzugeben wußten – ganz abgesehen davon, daß es in der Dichtung vielleicht noch um ganz andere Dinge gehen könnte als um Gefühlsbeschreibungen.

Dort, wo sie sich, darin übrigens selbst Kinder einer falsch verstandenen Aufklärung, blindlings der Naturwissenschaft anzubiedern versuchen, geben sich die meisten Astrologen ohnehin der Lächerlichkeit preis. Noch immer kennt die Astrologie ihre Verfechter der ›Einflußtheorie‹, die irgendwelche selten näher definierten kosmischen Strah-

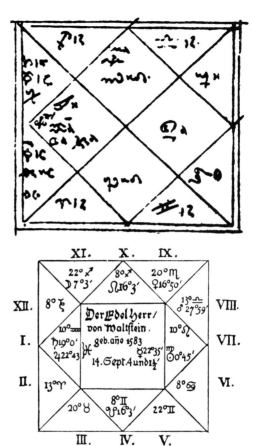

6 Horoskop-Darstellungen im Laufe der Zeiten: Das erste Schema zeigt das Horoskop des Kaisers Hadrian, das zweite Keplers berühmte Nativität des Wallenstein

len oder Gravitationseffekte dafür verantwortlich machen wollen, daß die Sterne das Erdenleben lenken sollen.

C. G. Jungs Analogiemodell mag sicherlich nicht der Weisheit letzter Schluß sein, wenn es um die Erklärung von Zusammenhängen zwischen Sternenlauf und Menschenschicksal geht, aber es entspricht zumindest viel eher dem mythisch-magischen Denken, aus dem die Astrologie einst entsprang (und das sie bis heute verkörpert), auch

21

wenn viele ihrer Vertreter dies scharf von sich weisen mögen. Nach der Auffassung Jungs bewirken die Sterne nämlich nicht den Schicksalsverlauf, sie können ihn allenfalls anzeigen. Wenn der Mars bei der Geburt am Aszendenten im Widder steht, neigt der Native nach astrologischer Lehrmeinung nicht etwa deshalb zu Jähzorn, weil der Mars ihn mit seinen ›Strahlen‹ entsprechend konditioniert hätte; vielmehr ist es in der Zeitqualität, für die die Sterne nur Indikatoren sind, enthalten. Dabei muß natürlich unbestritten sein, daß wir hier das Feld der reinen Naturwissenschaft bereits mit Siebenmeilenstiefeln verlassen haben. Was bleibt, kann allenfalls Empirik sein, und die ist wissenschaftstheoretisch problematisch genug.

In diesem Buch soll es jedoch in erster Linie darum gehen, welches Gedankengut die Astrologie von ihren Ursprüngen bis heute kennzeichnet, und welche Formen sie in der allgemeinen Geistesgeschichte annahm – oft sicherlich ungewollt oder sogar unbewußt. Daß die Astrologie für das Abendland eine bedeutende, wenngleich meist verkannte Rolle gespielt hat, ist bereits gesagt worden. Aber auch in anderen Kulturen hat sie unverkennbar ihre Spuren hinterlassen, und mit diesen Spuren wollen wir uns befassen.

In kurzen Grundzügen soll deshalb untersucht werden, worum es bei der Astrologie eigentlich geht, womit sie arbeitet und wie ihre eigenen Ansprüche aussehen. Ein Lehrbuch der praktischen Astrologie, wie es in zahlreichen Werken auf dem Markt existiert, kann dadurch nicht ersetzt werden. Leser, die an diesem Thema Geschmack finden und das Geschilderte vertiefen möchten, seien auf die Literaturauswahl im Anhang verwiesen. Hier kann nur ein synoptischer Überblick gegeben werden, der für die weitergehenden Betrachtungen ausreicht.

Der Nabel der Welt – das geozentrische Weltbild

Bis zum Mittelalter herrschte die – von der sinnlichen Beobachtung getragene – Meinung, daß sich die Sonne um die Erde drehe. Es dauerte lange genug, bis sich die mathematisch-astronomische Betrachtungsweise im allgemeinen Bewußtsein durchsetzte, daß die Erde keineswegs statisch im Kosmos verankert ist, sondern sich – wie die anderen Planeten – um die Sonne bewegt.

Wir erinnern uns daran, daß kein geringerer als Galileo Galilei von den Schergen der Inquisition dazu gezwungen wurde, seine von der Kirche als ›ketzerisch‹ empfundene Behauptung zu widerrufen, daß es anders sei. Kepler, Kopernikus, Giordano Bruno – sie alle bekamen Schwierigkeiten mit den kirchlichen Behörden. Bruno mußte seine ›häretische‹ Lehrmeinung sogar auf dem Scheiterhaufen mit dem Leben bezahlen. (Allerdings wäre der altgriechische Naturphilosoph Anaxagoras seinerzeit beinahe ebenfalls ums Leben gekommen, weil er seine Zeitgenossen mit der Behauptung verärgert hatte, die Sonne sei nichts als glühendes Gestein – so ändern sich die Dogmen!)

Zivilisation bedeutet den Versuch des Menschen, sich zunehmend von den Launen der Natur unabhängig zu machen, sich ihnen nicht mehr ausgesetzt fühlen zu müssen. Dazu gehört nicht nur der Bau von stabilen Unterkünften, auch die Beobachtung und Vorherberechnung wichtiger Naturereignisse muß bewältigt werden. Dies gilt um so mehr für eine Ackerbaugesellschaft, die zur Bestimmung der Saat- und Erntezeit eines zuverlässigen Kalendariums bedarf.

Allerdings geht einer solchen Haltung die Auseinandersetzung mit dem Sichtbaren voraus: Sonne und Mond herrschen über Licht und Finsternis auf Erden. Wenn man, wie im alten Ägypten geschehen, den Zeitpunkt der jährlichen Nilüberschwemmung in Beziehung zu Ereignissen am Himmel setzen kann, so ermöglicht dies eine zuverlässigere Bewirtschaftung; es hilft Hungersnöte zu vermeiden und schafft die Grundlagen für das wirtschaftliche und politische Gedeihen einer Kultur.

Die Astrologie ist ein Produkt der Zivilisation der Seßhaften; bei Nomadenvölkern ist sie weitgehend unbekannt. Doch es wäre falsch, daraus den Schluß zu ziehen, daß sie ausschließlich rationalistischen Ursprungs sei. Auch die Magie der Naturvölker z. B. soll dem Überleben des Stammes dienen; der Jagdzauber ist sicherlich die älteste Form der Einflußnahme auf das Geschehen auf Erden.

Moderne Kritiker werfen der Astrologie häufig vor, daß sie einem überholten geozentrischen Weltbild verhaftet sei. Dies stimmt jedoch nur zum Teil. Es ist richtig, daß die Astrologie vorgibt, die Erde sei der Mittelpunkt des Sonnensystems. Sogar Sonne und Mond bezeichnet sie kurzweg als Planeten. Wenn es auch immer wieder Versuche gegeben hat, eine heliozentrische Astrologie zu entwickeln, so blieben diese innerhalb des großen Gesamtgebäudes der Astrologie doch vergleichsweise unbedeutende Randerscheinungen.

Spätestens seit der Entdeckung des individuellen Geburtshoroskops hat die Astrologie aber einen zutiefst humanistischen Anspruch und will dem Menschen eine Lebenshilfe bei der Bewältigung seines Schicksals sein. In gewissem, mythischem Sinne hatte die Kirche recht, die heliozentrischen ›Ketzer‹ zu verfolgen, denn ihre Lehre stieß den Menschen als ›Krone der Schöpfung‹ von seinem Thron. Sie führte zu seiner Verdinglichung, wie wir sie seit der industriellen Revolution immer deutlicher beobachten können.

Verfechter der Sterndeutung wenden dagegen ein, daß sich das menschliche Leben auf der Erde abspiele und nicht auf der Sonne – eine Feststellung, die keineswegs so banal ist, wie sie klingen mag, denn sie hat große Folgen: Gäbe es Marsbewohner, so führen sie weiter aus, müsse man für diese eine eigene, Mars-zentrierte Astrologie entwickeln. In diesem Sinn ist das geozentrische Weltbild also alles andere als ›veraltet‹, denn es kommt unserer Alltagserfahrung näher als das astronomische. Gewiß, eine Mondfahrt läßt sich mit einer geozentrischen Sehweise nur schwer entwickeln. Aber die Astrologie hat es ja auch auf andere Dinge abgesehen. Bei aller Himmelsschau ist sie erstaunlich bodenständig, und auch der Blick ans Firmament dient nur dazu, das Leben auf dem Planeten Erde möglichst erfolgreich zu meistern.

Der Tierkreis

Der Laie – und leider auch mancher Astrologe(!) – spricht fälschlicherweise oft davon, daß er in einem bestimmten ›Sternzeichen‹ geboren sei. Dies ist insofern irreführend, als wir es beim astrologischen Zodiak mit einem idealtypischen Symbolgerüst zu tun haben, das nicht der astronomischen Wirklichkeit entspricht. Für die Tierkreiszeichen wird nämlich pauschal eine Größe von je 30° angenommen, obwohl sie am Firmament teilweise erheblich kleiner oder größer sind und sich nicht einmal einwandfrei mit den Sternzeichen gleichen Namens decken. Allerdings bedient sich auch die Astronomie aus Gründen der Bequemlichkeit dieser Konvention. Die wenigsten Laien wissen, daß die von den Astrologen verwendeten Ephemeriden oder Gestirn-

7 Der ägyptische Tierkreis von Dendera, um das 1. Jhdt. v. Chr. entstanden

standstabellen keine astrologischen, sondern vielmehr astronomische Nachschlagewerke sind. So wird eine der heute am meisten gekauften Ephemeriden von der amerikanischen NASA erstellt und herausgegeben.

Der Tierkreis hat im Laufe der Geschichte manche Wandlung über sich ergehen lassen müssen. Seine heutige, vorläufig endgültige Gestalt erhielt er durch die Griechen; inzwischen ist er international gebräuchlich geworden. Strenggenommen müßte man den Tierkreis als Bilderkreis bezeichnen. Sein griechischer Name Zodiak leitet sich nämlich nicht, wie es oft fälschlicherweise behauptet wird, vom griechischen *zoon* (Tier), sondern vielmehr von *zodion* (Bildchen) ab. Dabei ist nicht zu übersehen, daß dieser Bilderkreis nicht nur Tierdarstellungen enthält, wenn wir etwa die Zeichen Zwillinge, Jungfrau, Schütze (oft als

Kentaur oder Mischwesen dargestellt) und Wassermann betrachten. Wir wollen jedoch hier den gängigen Begriff Tierkreis weiterhin verwenden, um unnötige Verwirrung zu vermeiden.

Wenn beispielsweise jemand von sich sagt, er sei im Zeichen des Widders geboren, so meint er damit, daß sich die Sonne zum Zeitpunkt seiner Geburt im Zeichen Widder befand. Dementsprechend gelten die auch innerhalb der Astrologengemeinde sehr umstrittenen Zeitungshoroskope allein für diesen einzigen Horoskop-Faktor. Die Kritiker der Astrologie haben deshalb recht, wenn sie darauf hinweisen, daß damit pro Zeichen eine Pauschalaussage für etwa ein Zwölftel der Menschheit gemacht werde, da die Sonnenstandsastrologie (wie man diese Spielart technisch nennt) nur zwölf Zodiaktypen unterscheide.

Grundsätzlich beginnt ein Geburtszeichen mit dem Eintritt der Sonne bei 0° und endet mit ihrem Verlassen bei 30°. Dafür gibt es zwar Durchschnittswerte, weshalb man in den Zeitungshoroskopen auch genaue Datumsangaben findet (etwa beim Widder: 21. 3.–20. 4.), tatsächlich kann es jedoch vorkommen, daß die Sonne bereits am 20.3. in den Widder eintritt oder ihn schon Ende des 19. 4. verläßt. Schon aus diesem Grund bedarf es zur Erstellung eines präzisen Geburtshoroskops der genauen Geburtszeit des Nativen. Hinzu kommt, wie wir weiter unten noch sehen werden, die genaue geographische Länge und Breite des Geburtsortes.

Der Vollständigkeit halber seien die zwölf Tierkreiszeichen mit ihren Daten aufgeführt, die, wie gesagt, nur Durchschnittswerte sein können (siehe Abb. 8.1–8.12).

Jedem dieser Zeichen werden bestimmte Charaktereigenschaften, Stärken und Schwächen zugeschrieben. Dies ist meist die einzige Ebene der Sterndeutung, die der astrologische Laie kennenlernt, und nicht zuletzt diese Vereinfachung der populären Astrologie war es, die schon in der Antike zu ihrem streckenweise äußerst schlechten Ruf beigetragen hat.

Verbunden wurden (und werden noch heute) die Tierkreiszeichen mit mancherlei mystisch-magischen Spekulationen, beispielsweise jener von den vier Elementen Feuer, Erde, Luft und Wasser, die einst von Empedokles in die abendländische Geisteswelt eingebracht wurden. So kennt man die Feuer-Triade (genauer: das Feuer-Trigon) Widder–Löwe–Schütze, die Erd-Dreiheit Stier–Jungfrau–Steinbock und

Widder (21. 3.–20. 4.)

8.1–8.12 Die Tierkreisdarstellungen des «*Liber astrologiae*» aus dem 14. Jhdt. zeigen den Tierkreis in seiner üblichen Reihenfolge: Widder (8.1), Stier (8.2), Zwillinge (8.3), Krebs (8.4), Löwe (8.5), Jungfrau (8.6), Waage (8.7), Skorpion (8.8), Schütze (8.9), Steinbock (8.10), Wassermann (8.11), Fische (8.12)

Stier (21. 4.–20. 5.)

Zwillinge (21. 5.–21. 6.)

Krebs (22. 6.–22. 7.)

Löwe (23. 7.–23. 8.)

Jungfrau (24. 8.–23. 9.)

Waage (24. 9.–23. 10.)

Skorpion (24. 10.–22. 11.)

Schütze (23. 11.–21. 12.)

Steinbock (22. 12.–20. 1.)

Wassermann (21. 1.–20. 2.)

Fische (21. 2.–20. 3.)

das Wasser-Dreieck Krebs–Skorpion–Fische. Ferner unterscheidet man in kardinale, fixe und bewegliche (auch: veränderliche oder labile) Zeichen.

Die Planeten

Der Sternenhimmel war schon in den Anfängen der Astrologie ein Götterhimmel; er wurde als beseelt empfunden, was nicht zuletzt an der Bewegung lag, die am Firmament zu beobachten war. Nicht nur die beiden ›Lichter‹ Sonne und Mond wanderten über den Himmel, auch andere bewegliche Himmelskörper waren mit ›unbewaffnetem‹ Auge zu erkennen. Man nannte sie Planeten, vom griechischen *planéo* (umherirren), die Römer sprachen auch von ›Vagantensternen‹.

Sonne und Mond genossen zwar immer schon eine Sonderstellung, wurden aber von der frühen Astronomie mit ihrem geozentrischen Weltbild ebenfalls zu den Planeten gezählt. In der Frühzeit der Sterndeutung verkörperten Sonne und Mond Sternengeister, später wurden sie auch dämonisiert.

Die Geschichte zeigt, daß es durchaus üblich war, mythische Gestalten, ja sogar Menschen zu ›versternen‹: Castor, Pollux, Herkules, Orion, Perseus, Scipio, Caesar und Augustus legen Zeugnis davon ab. Damit wird die Schnittstelle Mensch–Kosmos offenbar, denn schon die alten Hermetiker gingen, ganz wie der heutige Tiefenpsychologe aus der Schule Jungs, davon aus, daß die Planeten nicht nur am Himmel, sondern auch in der Seele des Menschen selbst existieren. Stobäus schreibt dazu:

> »In uns sind: Mond, Mars, Jupiter, Venus, Saturn, Merkur und die Sonne; darum ward unser Teil aus dem Äther in uns zu saugen Weinen, Lachen und Zorn, Sinn, Leben, Schlaf und Begierde. Es gibt Träume Saturn, Leben Jupiter, Einsicht Merkur uns, Zorn sendet Mars, Selene den Schlaf und Venus Begierde, doch von der Sonne kommt Lachen, es lachet ihm füglich entgegen jegliches menschliche Denken und auch das unendliche Weltall.«[1]

Die ›Psychologisierung‹ der Planeten als Projektionsflächen innerseelischer Vorgänge ist also nicht ganz neu, doch ging selbst Platon im

»Timaios« noch davon aus, daß die Planeten im Auftrag des Weltschöpfers den Menschen umsorgten und nach seinem Tod bei sich aufnähmen. Als Schicksalsmächte verkörpern sie aber auch in den meisten Kulturen ein Götterpantheon mit allen dazugehörigen Eigenschaften. Oft werden sie als Dolmetscher des Willens der Götter bezeichnet, die von ihren Engeln oder Dienern bewohnt oder bewegt werden.

Es wurde schon gesagt, daß der Laie in der Regel nur mit der Sonnenstandsastrologie konfrontiert wird. Für die weiterführende Sterndeutung gilt allerdings das gleiche Prinzip: Aufgrund der Stellung der Planeten in den Tierkreiszeichen trifft der Astrologe Aussagen über Charakter und Schicksal des Nativen oder einer astrologisch berechneten Angelegenheit. Beispiele dafür werden wir noch bei unserer Betrachtung der babylonischen Astrologie kennenlernen.

Im folgenden sollen nun kurz die Grundeigenschaften der Planeten beschrieben werden, wie sie in der heutigen, klassisch ausgerichteten Astrologie üblich sind.

Die **Sonne,** die ebenso wie der Mond von der Astrologie zu den Planeten gezählt wird, steht für das Lebenszentrum, das Bewußtsein, die Vitalität, die Ratio, den Persönlichkeitskern und für die nach außen getragene Persona oder Maske des Menschen. Als Verkörperung des männlichen und strahlenden, lichten Prinzips ist sie gleich in zwei Polaritäten eingebunden: Sonne–Mond und Sonne–Saturn (siehe Ft. 14/15). Dies wird bei der Betrachtung der anderen Planeten noch deutlicher werden. Zu Hause ist die Sonne im Zeichen des Löwen.

Der **Mond** steht für das Zyklische, Rhythmische, die Weiblichkeit, das Empfangende und die Intuition, für Träume und für Anpassungsfähigkeit. Wegen seiner Wandelbarkeit war er bei den früheren Astrologen nicht sonderlich beliebt und galt als ›Übeltäter‹. Der Mond ist aber auch der erste Zeitmesser gewesen.

Die Bezeichnung *menses* für den Menstruationszyklus der Frau stammt von der Sanskritwurzel *mas* (messen) ab. Im alten Ägypten war

9.1–9.7 Die Holzschnitte von Hans Sebald Beham (ca. 1530) zeigen in symbolischer Form die sieben klassischen astrologischen Planeten und die ihnen zugeordneten Eigenschaften und Tätigkeiten: Sonne (9.1), Mond (9.2), Merkur (9.3), Mars (9.4), Venus (9.5), Jupiter (9.6), Saturn (9.7)

Luna.

es der ibisköpfige Mondgott Thot (der von der späteren Hermetik mit Hermes und Merkur gleichgesetzt wurde), der ›Beschneider der Zeit‹, der das Jahr in 365 Tage teilte und den Schalttag für sich behielt. Als Verkörperung des Weiblichen steht der Mond in Polarität zur Sonne.
Der Mond herrscht im Zeichen Krebs.

Merkur gilt seit der griechisch-römischen Antike als Verkörperung des Hermes. Er ist der Götterbote, der für Sprache, Kommunikation, Rhetorik, Denken und Schnelligkeit steht. Als Gott der Händler und Diebe haftet ihm auch eine gewisse Charakterlosigkeit an, so daß er im Geburtshoroskop die Oberflächlichkeit anzeigt, die schnellen, unbeständigen Geschäfte und die ›kurzen Reisen‹, ferner das ›kleine Glück‹. Er ist androgyn und steht dadurch in keiner echten Polarität.
Merkur beherrscht das Zeichen Zwillinge und die Jungfrau.

Mars steht als Kriegsgott für Aggressivität und Durchsetzungsvermögen, für Sexualität und eisernen Willen, für Jähzorn und Brutalität, aber auch für Bewährungsgeist und Kampfkraft. Er steht in Polarität zur Venus. Mars regiert im Zeichen des Widders und, zusammen mit dem erst 1930 entdeckten Planeten Pluto, im Skorpion.

Der Planet **Venus** kennzeichnet im Horoskop den Schönheitssinn, die Kunst, die Liebe, das Harmoniestreben und die Empfindsamkeit, darüber hinaus aber auch die Kontaktfreude und eine gewisse Merkantilität. Venus ist der polare Gegensatz zum Mars und regiert in den Zeichen Stier und Waage.

Jupiter, der ›Göttervater‹ (Zeus, Iovis) steht für das Joviale, die Expansion, die Großzügigkeit, die Sinnesfreude und die polternde Gutmütigkeit. In der Antike zeigte er das ›große Glück‹ an. Man ordnet ihm auch das Streben nach Gesamtüberblick zu, die Religiosität und Mystik sowie die Gerechtigkeit. Jupiter regiert im Schützen und, zusammen mit dem erst später entdeckten Neptun, in den Fischen.

Der Planet **Saturn** zeigt unter anderem Tod, Krankheit, Verlust, Entbehrung, Strenge, Härte und Starre an, aber auch Konzentration, Konsequenz, Geradlinigkeit und Zuverlässigkeit. Er gilt auch als Gestirn der Einweihung, weil er ›Hüter der Schwelle‹ ist: Als letzter damals bekannter Planet in unserem Sonnensystem bildete er das Tor zum transzendenten Bereich jenseits des irdischen Mikrokosmos – viele antiken Lehren siedelten das Paradies und das himmlische Jenseits unter den Fixsternen an.

Saturn herrscht über das Zeichen Steinbock und, zusammen mit dem erst spät entdeckten Uranus, über den Wassermann.

Mit der Entdeckung der drei Transsaturnier **Uranus** (1781), **Neptun** (1846) und **Pluto** (1930) sah sich die Astrologie dem Hohn ihrer Skeptiker ausgesetzt: Wohin mit diesen neuen Himmelskörpern? Stellten sie nicht alles in Frage, was man bisher über die ›Wahrheit‹ der Astrologie geglaubt hatte?

In der Tat erholte sich die Astrologie zunächst nur sehr schwer von dem Uranus- und Neptun-›Schock‹ und erlebte im 19. Jahrhundert eine Phase des Niedergangs. Inzwischen haben sich die Wogen allerdings weitgehend geglättet; die drei planetaren Störenfriede wurden einigermaßen paßgenau in die Horoskop-Deutung integriert. Auch der mathematisch inzwischen berechnete, aber immer noch seiner Entdeckung harrende **Transpluto,** für den es schon Ephemeriden gibt, wird von einigen Astrologen bereits in die Deutung einbezogen.

Freilich stehen die herkömmlichen, aus der Renaissance überlieferten Analogieketten (z. B. die Zuordnung von Edelsteinen, Pflanzen, Metallen usw.) hinsichtlich dieser drei Planeten auf ziemlich unsicheren Füßen; es herrscht unter den Astrologen in diesem Punkt alles andere als Einigkeit. Dieses Problem berührt aber ohnehin eher die magisch-theurgische Astrologie (auch: Astro-Magie) als die Sterndeutung im eigentlichen Sinn.

Weitgehend einig ist man sich dagegen über die Interpretation der Transsaturnier und ihre Zuordnung zu den Tierkreiszeichen.

Vielleicht weil er am ›Vorabend‹ der Französischen Revolution entdeckt wurde, gilt der **Uranus** als Verkörperung der Umwälzung, der gewalttätigen Veränderung, der Technik und der Elektrizität. Darüber hinaus beschert er Konfusion wie auch plötzliche Einsichten und Geistesblitze, Spontaneität und das Aufbrechen erstarrter Strukturen. Lange Zeit nannte man ihn nach seinem Entdecker »Herschel«, was übrigens in der angelsächsischen Astrologie noch bis vor wenigen Jahren üblich war.

Der Uranus beherrscht zusammen mit dem klassischen Saturn das Zeichen Wassermann.

Dem Planeten **Neptun** spricht man inzwischen viele Eigenschaften zu, für die früher der Mond und die Venus zuständig waren: Traumleben, Verschleierung und Vernebelung, Unklarheit, Auflösung, Zersetzung, Intuition und mediale Wahrnehmungen. So ist der Neptun zuständig für Drogengebrauch und -mißbrauch, für Süchte und für Haltlosigkeit. Andererseits kann er auch Hellsichtigkeit verleihen.

Neptun regiert zusammen mit Jupiter im Zeichen Fische.

Pluto, der erst vor etwa einem halben Jahrhundert entdeckt wurde, bereitete den Astrologen einiges Kopfzerbrechen, bis sie ihn schließlich genauer zu definieren vermochten. Heute ist man sich einig, daß er das Chthonische und Urgründige anzeigt, die Nachtseite der Seele und den letzten – unbewußten – Lebenswillen. Dabei ist er explosiv und läßt sich in seiner Wirkung mit einem Vulkan vergleichen, der lange Zeit ruhig scheint, bis er plötzlich ohne jede Vorwarnung ausbricht und alles, was sich ihm in den Weg stellt, vernichtet: »Pluto streichelt mit Erdbeben.« Und so ist er auch für die Kernenergie und Kriege im Weltmaßstab zuständig, für den Tod und die Wiedergeburt.

Zusammen mit Mars herrscht Pluto im Skorpion.

Im Geburtshoroskop deutet man die drei Langsamläufer Uranus, Neptun und Pluto eher als kollektive ›Generationsindikatoren‹ denn als individuelle Planetenfaktoren. Das verwundert nicht, wenn man bedenkt, daß Pluto im Mittel gute 29,75 Jahre benötigt, um ein Zeichen zu durchlaufen. So haben ganze Generationen von Nativen Pluto, Neptun und Uranus im selben Zeichen. Lediglich ihre Aspekte und ihre Häuserstellung lassen individuellere Aussagen über diese Planeten zu.

Mondknoten

Mondknoten werden wie Planeten behandelt (und auch in den astronomischen Ephemeriden entsprechend aufgelistet). Dabei handelt es sich um die beiden Schnittpunkte der Mondbahn mit der Ekliptik. Früher nannte man sie auch Drachenpunkte, was auf die Vorstellung zurückging, daß die Lichter bei einer Sonnen- oder Mondfinsternis, die stets nur in der Nähe dieser Punkte stattfindet, von einem Drachen verschlungen werden. Entsprechend nennt man den südlichen Mondknoten auch den Drachenkopf (*caput draconis*) und den nördlichen den Drachenschwanz (*cauda draconis*). Dabei galt besonders der Drachenschwanz als unheilbringend.

Im Prinzip haben die Mondknoten eine ähnliche Funktion wie die heute fast in Vergessenheit geratenen, von Claudius Ptolemäus und der arabischen Astrologie gepflegten sensitiven Punkte (Glückspunkt, Todespunkt, Krankheitspunkt, Kunstpunkt usw.), die allerdings erst individuell mit Hilfe bestimmter Formeln berechnet werden müssen. Hierbei wird der Gradabstand zweier Planeten zum Aszendenten addiert, im Falle des Glückspunkts der zwischen Sonne und Mond. Hat man diese Punkte gefunden, werden sie nach ihrer Stellung in den Zeichen, den Häusern und nach ihren Aspekten beurteilt.

Einen ähnlichen Vorgang finden wir bei den seit den dreißiger Jahren immer populärer werdenden Halbsummen, die ursprünglich von Alfred Witte in die Astrologie eingebracht und später in erster Linie von Reinhold Ebertin propagiert wurden. Zur Ermittlung der Halbsummen wird die Halbdistanz zwischen zwei Planeten berechnet und analysiert, weshalb man sie auch als Halbdistanzpunkte bezeichnet.

Alfred Witte, der die international viel beachtete Hamburger Schule der Astrologie begründete, war übrigens auch der Erfinder einer Reihe hypothetischer ›Planeten‹ (Zeus, Admetos, Hades usw.), für die er sogar Ephemeriden vorlegte. Im Kreuzfeuer der wissenschaftlichen und astrologischen Kritik stehend, ist die Hamburger Schule inzwischen von der astronomisch unhaltbaren Behauptung abgerückt, daß es sich dabei um echte Planeten handle (zudem diese von Witte durch Pendeln ›medial‹ ermittelt worden waren ...), und betrachtet sie nun als hypothetische, kosmische Wirkungspunkte.

In diesem Zusammenhang ist der ebenfalls hypothetische ›Schwarze Mond‹ Lilith erwähnenswert, den schon die Chaldäer kannten – ein zweiter Erdmond, der jedoch unsichtbar sein soll, weil er sich stets im Erdschatten bewegt. Auch für ihn gibt es inzwischen Ephemeriden, doch wird er nur von einer Minderheit unter den heutigen Astrologen berücksichtigt.

Beachtung finden gelegentlich auch die zwischen der Mars- und der Jupiterbahn befindlichen Asteroiden (z. B. Pallas, Vesta, Juno), für die es ebenfalls – allerdings recht zweifelhafte – Ephemeriden gibt, wie auch für den oben erwähnten, noch hypothetischen Transpluto, der öfters auch als Isis bezeichnet wird.

Die Rotation der Erde um die Sonne führt übrigens auch zu einem für den Laien verblüffenden Phänomen: zur gelegentlichen scheinbaren Rückläufigkeit (vom Standpunkt der Erde) eines Planeten. Viele Astrologen achten inzwischen auf diese ›retrograden‹ Himmelskörper, die in ihrer Wirkung (oder angezeigten Wirkung) als gebremst gelten.

Die Aspekte

Aspekte sind Längenwinkel, die Wechselbeziehungen zwischen Planeten und/oder bestimmten Punkten im Horoskop (z. B. Aszendent, Meridian usw.) anzeigen. Ihre Festlegung dürfte vor allem unter dem Eindruck pythagoräischer Zahlenspekulationen entstanden sein.

Natürlich sind nicht alle Aspekte immer exakt, zeigen aber dennoch Wirkung an. Nicht-exakte Aspekte nennt der Astrologe plaktisch. Die Toleranzbreite, innerhalb derer man einen Aspekt bei der Deutung noch gelten läßt, nennt man den Orbis. Er wird von unterschiedlichen Schulen der Astrologie verschieden festgelegt. So läßt die eine Richtung beispielsweise eine Konjunktion (0°-Aspekt) zwischen Sonne und Mond relativ großzügig bis zu ca. 12° Abweichung noch gelten, während andere Schulen hierfür maximal 8° akzeptieren würden; Mars-Venus-Aspekte dürfen mal 5° und mal 8° Orbis haben usw. Ohnehin wird kein erfahrener Astrologe die Orben starr handhaben, sondern vielmehr von Fall zu Fall entscheiden, was er noch – oder schon – gelten läßt. (Diese diffizile, auf Erfahrung und Intuition beruhende Kombinatorik ist übrigens eines der schwerstwiegenden Argumente sowohl gegen statistische Analysen astrologischer Lehrsätze als auch gegen Computerhoroskope – dies ist, wenigstens zur Zeit noch, allein vom Menschen zu leisten.)

Aspekte werden in ›groß‹ und ›klein‹ unterschieden, wobei manche astrologischen Richtungen die kleinen Aspekte überhaupt nicht berücksichtigen. Der Anfänger lernt meistens erst die großen Aspekte kennen; später zieht er dann im Zweifelsfall auch die kleinen Aspekte zur Deutung hinzu.

Eine Konjunktion nennt man einen Winkel oder Aspekt von 0° zwischen zwei Horoskop-Faktoren (meistens Planeten) innerhalb einer gewissen Abweichungstoleranz.

Das genaue Gegenteil einer Konjunktion ist die Opposition, ein Winkel von 180°. Als Quadrat bezeichnet der Astrologe einen rechten

Winkel (90°); schließlich zählt er zu den großen Aspekten noch das Trigon (120°) und das Sextil (60°).

Darüber hinaus gibt es auch das Halbquadrat (45°), das Anderthalbquadrat (135°), die Quincunx (150°), das Quintil (72°), das Septil (51°), das Biquintil (144°) und zahlreiche weitere Aspekte, die alle zu den ›kleinen‹ gezählt werden. Ihre Verwendung ist jedoch vergleichsweise selten.

Je nach Winkelbeziehung der Planeten zueinander wird auch die Horoskop-Deutung ausfallen. In der klassischen Astrologie spricht man stark vereinfachend von ›Wohltätern‹ und ›Übeltätern‹ unter den Planeten. Zu den ›Wohltätern‹ zählen in der Regel Mond, Venus und Jupiter, während Mars und Saturn als ›Übeltäter‹ gelten. Sonne und Merkur können in beiden Bereichen tätig werden. Allerdings läßt sich das Deutungsvorgehen kaum jemals wirklich so leicht vereinfachen. Nehmen wir als Beispiel einmal den Saturn.

Herkömmlich steht dieser Planet für Tod, Krankheit, Entbehrung, Strenge, Härte oder Starre. Aspektiert er die Sonne mit einer Konjunktion, so könnte dies bedeuten, daß der Native ein eher kränklicher Typ ist, der vielleicht zu Starrsinn und Dogmatismus neigt. Dagegen könnte eine Konjunktion Saturn–Merkur zwar ein etwas schwerfälliges, aber dafür gründliches Denken sowie solide Gewinne im geschäftlichen Bereich anzeigen.

Es reicht deshalb nicht aus, von den ›förderlichen‹ Aspekten Trigon und Sextil, von den ›unförderlichen‹ oder ›harten‹ Aspekten Opposition und Quadrat zu sprechen und vom ›fallweise förderlichen oder disharmonischen‹ Aspekt Konjunktion. Denn auch die Zuordnung der sogenannten ›guten‹ Winkelbeziehungen kann sich in der Kombinatorik in ihr Gegenteil verkehren, weil sie eben nicht isoliert betrachtet werden darf, sondern Teil eines übergeordneten, hochkomplexen Einflußgefüges ist.

Darüber hinaus teilt man die Planeten auch in ›männliche‹ und ›weibliche‹ ein, wobei Mond und Venus als weiblich gelten und die anderen Planeten als männlich, mit Ausnahme des hermaphroditischen Merkur.

Die Häuser

Zu den Aspekten kommen die sogenannten Häuser hinzu (häufig auch als Felder oder Orte bezeichnet), die man spätestens seit der antiken Astrologie des Alexandriners Claudius Ptolemäus kennt, und die das eigentlich Individuelle am Horoskop ausmachen. Da hier nicht auf die Feinheiten sphärischer Trigonometrie eingegangen werden kann, muß der Hinweis genügen, daß es verschiedene Methoden gibt, Häuser zu berechnen.

Beim Häuserkreis handelt es sich um eine Einteilung der Ekliptik beziehungsweise des wahren Horizonts in zwölf Teile. Dabei geht man vom Aszendenten aus, der auch die sogenannte Spitze des ersten Hauses bildet. Der Aszendent ist jener Punkt des Zodiaks, der im Augenblick der Geburt scheinbar am Horizont aufgeht. Zu seiner Bestimmung ist die geographische Lage (Länge, Breite) des Geburtsorts von Bedeutung.

Bedingt durch die Rotation der Erdachse rückt der Aszendent alle vier Minuten durchschnittlich um ein Grad weiter. Das mag zunächst nicht viel erscheinen, kann aber bei Prognosen bereits einen Zeitunterschied von bis zu einem Jahr ausmachen. Zur korrekten Berechnung eines Horoskops bedarf der Astrologe daher folgender – möglichst genauer – Angaben: Datum, Uhrzeit (minutengenau) und Geburtsort. Ferner muß er wissen, ob es sich um eine menschliche Geburt handelt (in diesem Fall ist auch das Geschlecht anzugeben, da es sich nicht aus dem Horoskop ersehen läßt), um ein Ereignis (z. B. Vertragsabschluß, Firmengründung) oder um ein anderes Prognoseziel (z. B. bei der politischen, der Wetter- oder der Börsenastrologie).

Wie den Tierkreiszeichen werden auch den Häusern bestimmte Deutungsbereiche zugeordnet. Etwas vereinfachend könnte man sagen, daß die Planeten die Wirkkräfte darstellen, die Tierkreiszeichen das Grundthema und die Häuser den Wirkungsbereich.

Wenn beispielsweise dem vierten Haus u. a. die Familie und das engere persönliche Umfeld des Nativen zugewiesen werden, dem Saturn u. a. die Härte und Strenge und dem Widder die Impulsivität, so könnte ein Geburtssaturn im Widder, der zugleich im vierten Haus steht, etwas verkürzt auf die Formel ›starke, dauerhafte Spannungen in der Familie‹ gebracht werden.

Dies ist natürlich nur eine Teilaussage, die immer im Zusammenhang mit den anderen Horoskop-Faktoren gesehen und gewichtet wird. Beispielsweise würde ein Trigon zwischen Saturn und Jupiter oder Venus bei gleicher Saturnstellung dann eher zu der Aussage ›dauerhafte Geborgenheit und Beständigkeit im familiären Umfeld‹ führen.

Nach heute gängiger Astrologenmeinung zeigt der Aszendent eines Nativen dessen Grundcharakter an, sein Sonnenzeichen dagegen die Art und Weise, wie er diesen Charakter auslebt. Wer also beispielsweise im Zeichen des Widders geboren ist und einen Löwe-Aszendenten hat, wird seine Löwe-Eigenschaften (z.B. Hang zur Selbstdarstellung, ›Hofhalten‹, Großzügigkeit usw.) nach Art des Widders (impulsiv, direkt, optimistisch, unkompliziert) ausleben. Allerdings kann dies z.B. durch eine Konjunktion zwischen Sonne und Mars erhebliche Einschränkungen erfahren oder durch eine Mars-Opposition zur Sonne einen aggressiveren Charakter bekommen. Einmal mehr wird an diesen Beispielen deutlich, daß es in der Astrologie vor allem auf die Kombinatorik ankommt und daß man schlecht beraten wäre, die einzelnen Deutungsfaktoren einfach nur aus einem Lehrbuch abzulesen, ohne sie gegeneinander abzuwägen.

Von großer Bedeutung innerhalb des Häuserkreises ist auch der Meridian oder Kulminationspunkt, also der Zenit zum Zeitpunkt und am Ort der Geburt. Während man den Aszendenten in Horoskop-Darstellungen meist mit AC abkürzt, benutzt man für den Meridian

DIE GEBRÄUCHLICHSTEN ASTROLOGISCHEN SYMBOLE					
Symbol	Zeichen	Länge	Symbol	Zeichen	Länge
♈	Widder	0°– 30°	♎	Waage	180°–210°
♉	Stier	30°– 60°	♏	Skorpion	210°–240°
♊	Zwillinge	60°– 90°	♐	Schütze	240°–270°
♋	Krebs	90°–120°	♑	Steinbock	270°–300°
♌	Löwe	120°–150°	♒	Wassermann	300°–330°
♍	Jungfrau	150°–180°	♓	Fische	330°–360°

die Abkürzung MC (für *medium coeli* oder ›Himmelsmitte‹). Die Gegenpunkte des AC und des MC nennt man Deszendent (DC) und *immum coeli* (IC). Der MC soll ›Berufung‹ und ›Beruf‹ des Nativen anzeigen, also seinen Tätigkeitsschwerpunkt im Alltagsleben.

Wie fast jedes Fachgebiet verwendet auch die Astrologie ihre eigenen Kürzel und Symbole, die die Verständigung vereinfachen und beschleunigen. Sie sind mit geringen Abweichungen international standardisiert und teilweise von sehr hohem Alter. Die gebräuchlichsten astrologischen Symbole sind hier abgebildet.

DIE HAUPTASPEKTE		
Symbol	Aspekt	Winkeldifferenz
☌	Konjunktion	0°
✶	Sextil	60°
□	Quadrat	90°
△	Trigon	120°
☍	Opposition	180°

Spüren wir nun ein wenig ausführlicher der Frage nach, wie sich dieses imposante Denkgebäude der Astrologie im Laufe der Jahrhunderte entwickeln konnte.

Gestirnkunst in Chaldäa und Babylon

Chaldäa und Babylon gelten als die Wiege aller Astrologie, wie wir sie heute verstehen. Aber auch die Astronomie und die Mathematik haben den chaldäischen Forschern viel zu verdanken: die Einteilung des Kreises in 360 Grade, den 365-Tage-Zyklus des Sonnenjahrs oder die Bestimmung der Sternbilder und des Zodiaks. Manches davon geriet im Laufe der Zeit in Vergessenheit und mußte neu entdeckt werden, anderes dagegen sickerte fast unbemerkt in die unterschiedlichsten Kulturen ein (etwa in die ägyptische), um auf diese Weise einen weltweiten Siegeszug anzutreten.

Im Zweistromland galten die Planeten als ›Wohnsitz der Götter‹. Sie waren die Dolmetscher des göttlichen Willens, den sie durch ihren Lauf am Himmel offenbarten. Dieses Bild der Vergöttlichung der Planeten findet sich immer wieder, ebenso das der Verteufelung: So galten die Planeten im iranischen Zoroastrismus als böse Dämonen, die auf der Seite des finsteren Ahriman gegen das lichte Prinzip des Ahura Mazda (Ormuzd) kämpften. Im Islam dagegen verabscheute man sie später wegen der Vielgötterei, die sie provozierten.

Das Spiel zwischen Raum und Zeit, das sich am Firmament beobachten läßt, offenbart sich am beunruhigendsten durch das Unregelmäßige, das Unerwartete. Die Fixsterne sind, wie ihr Name impliziert, – scheinbar – auf einen bestimmten Punkt fixiert; in diesem Sinne sind sie auch ›verläßlich‹.

In späteren Weltbildern und Geistesrichtungen ist dieser Gedanke noch anzutreffen, etwa bei den die diesseitige Welt verabscheuenden Katharern, die das jenseitige Paradies in der Fixsternsphäre ansiedelten, aber auch in manchen gnostischen Spekulationen ist davon schon die Rede.

Dieses Unregelmäßige und Unerwartete wurde in Chaldäa zum eigentlichen Omen. Dabei konnte es sich um plötzliche Finsternisse

10 Fragment einer astronomischen Tafel. Rabe und Jungfrau mit Ähre (rechts bzw. links vom mittleren Stern) sind erste Darstellungen des Zodiaks

handeln oder um das Wachsen und Schwinden des Mondes, das bereits Anlaß zur Frage war, ob sich nicht Zusammenhänge zwischen dem Geschehen am Himmel und den realen, irdischen Ereignissen feststellen ließen. Die Folge davon waren sorgfältige, über lange Zeit geführte Protokolle und endlose astronomisch-astrologische Ereignistabellen. Diese frühe Empirik wird übrigens in späteren Jahrhunderten und Jahrtausenden zu einem Hauptargument der Verfechter astrologischer Positionen. Mit ihr wird die Astrologie als reine Erfahrungswissenschaft begründet.

Mit der Entwicklung von Planetentheorien zur Vorhersage von Finsternissen und anderen astronomischen Ereignissen verliert das Unregelmäßige zwar an Wucht, doch seinen ominösen Charakter übernimmt dafür die als schier überwältigend empfundene Ordnung des Himmelsganzen: Der Kosmos wird zu einem riesigen Gesamtorganismus, das Uhrwerk beginnt das Chaos abzulösen. Besonders die hellenistische Astrologie sollte später diesen Faden aufgreifen und daraus ein imposantes Lehrgebäude der Welterklärung erschaffen.

Den Menschen des ausklingenden 20. Jahrhunderts, der eher an einem Übermaß an Ordnung zu leiden glaubt, wird diese Entwicklung vielleicht etwas befremden, aber es bleibt eine Tatsache, daß noch immer viele Menschen in dieser Ordnung, ob vermeintlich oder wirklich existent, Schutz und Geborgenheit zu finden glauben. Daß die moderne Quanten- und Chaosphysik gründlich an den Festen des linear-mechanistischen Weltbilds gerüttelt hat, ändert daran keineswegs etwas.

In jenen Zeiten aber, als der Mensch die Zivilisation erst zu entdecken begann, besaßen Ordnung und Berechenbarkeit geradezu Wunderkraft. Nicht selten wurden damit Gottesbeweise geführt, lange bevor die Erkenntnisphilosophie und die Wahrnehmungspsychologie auch diese ›heilige Kuh‹ zu schlachten begannen ...

In Babylon teilte man den Tag in zwölf Doppelstunden ein. Die Theologie stand in engem Zusammenhang mit der Astrologie, so daß man in Fachkreisen auch von Astraltheologie und Astralgöttern

11 Ein wichtiges Instrument der babylonischen Astronomie war der Ziggurat – eine Stufenpyramide, die der Himmelsbeobachtung, aber auch dem Astralkult diente

12 Begleitet von anderen Göttern taucht Schamasch zwischen den Hügeln auf. Siegel des Schreibers Adda, ca. 2250 v. Chr.

spricht. Der babylonische König Hammurabi (1728–1686 v. Chr.) verfaßte einen Kodex der Astrallehre, der uns reichen Aufschluß über das Weltbild der Babylonier und Sumerer bietet.

Die drei obersten göttlichen Prinzipien wurden durch den Himmelsgott Anu, den Sturmgott Enlil (der als Enki auch über die Erde herrschte) und die Meeresgöttin Ea personifiziert. Als nächste kamen in dieser absteigenden Hierarchie die drei Gottheiten Schamasch (der für die Sonne stand), der Mondgott Sin und die Göttin Ishtar, die von den Phöniziern Astarte genannt wurde und den Planeten Venus verkörperte (siehe Ft. 2).

Interessanterweise galt der Sonnengott Schamasch (noch heute heißt die Sonne im Arabischen *schams* und im Hebräischen *schemesch*) als Sohn des Mondgottes Sin. Der Mond wurde ebenfalls männlich gesehen, was sich in den meisten anderen Kulturen später ins Gegenteil verkehrte (z. B. *die* römische Luna).

Schamasch ist der Herr des Lebens, der Gerechtigkeit und der Weissagung; Sin dagegen, der auch als die ›Frucht, die sich selbst verzehrt‹ bezeichnet wird, ist der Herr des Pflanzenwachstums. Zudem regiert er über die Zeit (wie es in der ägyptischen Mythologie der ibisköpfige Thot auch tut) sowie über die Geschicke der Menschen. Er ist auch der Vater der Ishtar, des Morgen- und Abendsterns Venus.

Der Doppelcharakter der Venus spiegelte sich in den beiden Haupterscheinungsformen der Ishtar wider: Als Kriegsgöttin Ishtar von Akkad besaß sie mehr männliche Attribute; als Ishtar von Uruk unterstand ihr die Tempelprostitution, die als Dienst an den Göttern verstanden wurde.

Sehr bildlich war die babylonische Bezeichnung für die übrigen Planeten und Fixsterne: Man nannte sie ›Schafe‹ (*bibbu*, sumerisch *lu-bat*), wobei die von dem ›guten Hirten‹ Orion bewachten ›zahmen‹ Schafe die Fixsterne waren, die Planeten dagegen als ›wilde‹ oder ›umherirrende‹ Schafe galten.

Der größte Planet, Jupiter (der ›weiße Stern‹), war eine Manifestation des Schöpfergottes Marduk, der Schutzgottheit von Babylon, die später zu einer dem griechischen Zeus ähnlichen Funktion erhoben wurde. Er war der Sohn der Ea und der Vater des Merkurgottes Nabu. Diese im ägyptischen Pantheon wie Sin dem Thot gleichende Gottheit galt als Herr der Wissenschaften und der mantischen Künste; er war der Gott mit dem ›Stift der Schicksalstafel‹ und der Erfinder der Schrift. Göttin der Schrift und der Zahlen war wiederum auch seine Begleiterin Nisaba, die zudem als Schutzpatronin der Astrologie galt.

Der unheimliche Unterweltgott Nergal verkörperte sich im Planeten Mars, einem Sohn des Enlil. Als Herr des Krieges, der Waffen und der Toten war er zudem ein Rachegott. Erkrankungen wurden seinen 14 Dienern zugeschrieben, die als Krankheitsdämonen galten.

Der Planet Saturn wurde als ›der Beständige‹ (*Kaimanu*) bezeichnet. In Babylon sah man in ihm eine alte, ermattete Sonne; in Orakeltexten kam ihm die Funktion einer ›Nachtsonne‹ zu. Saturn war der Stern der Gerechtigkeit, der Ordnung und der Beständigkeit. Einen ›bösen‹ oder ›satanischen‹ Charakter, den er in der westlichen Astrologie noch bis heute besitzt, schrieben ihm erst die persischen Astrallehren zu. Möglicherweise hing dies mit der Tatsache zusammen, daß der Saturn mit Ninib (später Ninurta) verwandt war, einer Sturm- und Jagdgottheit, die darüber hinaus eine Manifestation des Sonnengottes darstellte.

Zusammen mit dem Wettergott Adad und dem assyrischen Aschschur bildete man eine Reihe von zwölf Göttern, die über die zwölf Monate des Jahres herrschten. In den Fixsternen und Sternbildern sah man Sitze der Götter (so wohnte etwa Ishtar im Sternbild Skorpion, der Hirtengott Sibzianna dagegen im Orion). Hieraus leitete sich eine bis in die heutige Astrologie des Abendlandes gültige Zuordnung von Orten der Erhöhung, des Domizils und des Falls der einzelnen Planeten ab. So ist der Mars beispielsweise im Steinbock erhöht oder in ›Exaltation‹; im Widder findet er den Ort seines Geheimnisses (›Domizil‹), während er in der Waage seinen Fall, sein ›Detrimentium‹ erfährt.

13 Es galt, die Astraldämonen zu beschwichtigen: Ein Priester verehrt Sonne und Mond. Abbildung auf einem neobabylonischen Zylinder

Diese Orte bezeichnete man in der Astrologie Griechenlands pauschal als ›Hypsomata‹ oder ›Erhöhungen‹.

Es ist bekannt, daß die Bibel zahlreiche Anleihen bei der babylonischen Kosmotheologie und Mythologie machte. Ob wir den Schöpfungsbericht betrachten, die Adamslegende oder den Bericht von der Sintflut, überall blitzen altbabylonische Elemente auf. Im Gegensatz zum Judentum aber waren die Babylonier reine Polytheisten, wenn es auch immer wieder Bestrebungen gab, bestimmte Götter über andere zu erheben, allen voran Marduk. Dies geschah übrigens weniger aus Frömmigkeit als vielmehr aus reiner Staatsraison.

Die Religiosität der Babylonier war in erster Linie durch die Furcht vor dem Zorn der Götter und ihrer Dämonen geprägt. Gesetz und Ritual, Gebet und Opfer bedeuteten ihnen alles. Verstieß der Mensch gegen ihre Regeln, wurde er von Unheil und Krankheit geplagt, von Dämonen verursacht, die in den Körper eindrangen, nachdem die Schutzgottheit den Menschen verlassen hatte.

Ein Jenseits, wie wir es aus dem alten Ägypten oder auch aus dem Christentum kennen, gab es für die Babylonier nicht. Nach dem Tod führten die Seelen der Verstorbenen ein schattenhaftes Dasein in der Unterwelt, doch niemand konnte auf ein ›ewiges Leben‹ hoffen. Um so mehr war folglich ihr Leben am Diesseits orientiert. Da nimmt es nicht wunder, daß der Magie eine herausragende Bedeutung zukam. Denn mit ihrer Hilfe wollte sich der Mensch jeden nur erdenklichen Vorteil im Leben verschaffen. Sie war es, die ihn Gefahren rechtzeitig erkennen und bannen lassen konnte; sie allein verhalf ihm zu Erfolg und Wohlstand, verschaffte ihm, wie wir es heute ausdrücken würden, ›Wettbewerbsvorteile‹.

Da jede institutionalisierte Religion stets auch eine sukzessive Monopolisierung der Magie durch Priesterkasten beinhaltet, durch die der vorzivilisatorische schamanische ›Wildwuchs‹ kanalisiert und beherrschbar gemacht werden soll, schufen die Babylonier zwei Gruppen von Priestern, die sich der Magie widmeten. Man unterschied in *achipu* (Beschwörungspriester) und in *baru* (Wahrsagepriester). Während die *achipu* vor allem für Dämonenaustreibungen, die Herstellung von Amuletten und Talismanen sowie für die Beschwörung und Besänftigung gekränkter Gottheiten zuständig waren, widmeten sich die *baru* den mantischen Disziplinen – vom Tageslos und der Eingeweideschau über die noch heute im Irak und Iran übliche Becherweissagung bis zur allgemeinen Omendeutung seltsamer Naturereignisse. Auffälliges Tierverhalten wurde dabei ebenso berücksichtigt wie die Traumdeutung.

Die herausragende mantische Disziplin aber war die Astrologie. In der Keilschriftbibliothek des Königs Assurbanipal (669–ca. 627 v.Chr.) bildeten Tontafeln mit Texten zur Omendeutung ein gutes Sechstel des Gesamtumfangs – Zeugen einer jahrhundertelangen Beobachtung der Ereignisse am Himmel und auf der Erde. Der Astrologiehistoriker Wilhelm Knappich zitiert in diesem Zusammenhang einige Textproben nach Jastrow, von denen auch wir hier einen Auszug bringen wollen:

> »Ist der Mond von einem Hof umgeben und steht Jupiter darin, so wird der König von Akkad eingesperrt werden. Ist der Mond von einem Hof umgeben und steht der Krebs darin, so wird der König von Akkad lange leben. [...]
>
> Wenn Venus mit ihrem Feuerlicht die Brust des Skorpions beleuchtet, dessen Schwanz dunkel ist und dessen Hörner hell leuchten, so wird Regen und Hochflut das Land verwüsten. Heuschrecken werden kommen und das Land verwüsten. Ochsen und Großvieh werden dezimiert werden. [...]
>
> Steht Jupiter vor dem Mond, so wird ein großer König sterben, steht er hinter dem Mond, gibt es Feindseligkeiten im eigenen Land. Steht Jupiter am rechten Horn des Mondes, so wird der König von Akkad sterben, steht er am linken Horn, wird der König von Amurru sterben.«[2]

So diesseitig wie die Magie der Babylonier, so universell war auch ihre Astrologie. Man nennt dies in heutiger Terminologie auch ›Mundanastrologie‹ und meint damit den Bezug auf kollektive Angelegenheiten wie Wirtschaft, Politik, Ernten und ähnliches, weshalb man sie auch häufig als ›politische Astrologie‹ bezeichnet. Deutete man auch, wie oben bereits gesagt, das Schicksal des Königs, so war die Astrologie von der Deutung individueller Schicksale, wie wir sie heute kennen, doch immer noch weit entfernt.

Eines der wichtigsten Elemente der Mundanastrologie ist die Zuordnung geographischer Regionen zu bestimmten Planeten und Tierkreis-

14 Grenzstein des Königs Melichipak II. Babylonische Grenzsteine wurden oft mit Astralsymbolik versehen: Die Gestirne wachten über König, Volk und Staat

zeichen. So ordnete man den vier Staatsgebilden Akkad (Babylon), Subartu (Assyrien), Elam (Persien) und Amurru (Syrien und Palästina) die vier Himmelsrichtungen Süden, Norden, Osten und Westen zu wie auch die vier Viertel des Mondes, zudem Planeten, Fixsterne und Tierkreiszeichen. Beispielsweise war Jupiter in erster Linie für Akkad zuständig, während Elam von Skorpion und Mars regiert wurde. Noch heute kennen wir diese Praktik, wobei in der modernen Mundanastrologie das Prinzip der Städteaszendenten hinzugekommen ist.

Trotz einer hochentwickelten Mathematik blieb die babylonische Astrologie doch lange Zeit auf eine recht primitiv anmutende reine Omendeutung beschränkt. Erst um das 5. Jahrhundert begann man, die Mathematik weitflächig auch auf die Astrologie anzuwenden. Eng verknüpft mit jeder astrologischen Tätigkeit ist natürlich auch das Kalendarium einer Kultur. Dabei erwiesen sich Deutungsschreiben als hilfreich, mit deren Hilfe seit dem 5. Jahrhundert Finsternisse und Planetenstände vorausberechnet werden konnten. Gerechnet wurde im Gegensatz zum heute üblichen tropischen mit einem von der Erdachsenpräzession unabhängigen siderischen Tierkreis, der sich nicht am Frühlingspunkt, sondern an den Fixsternen orientierte. Dieser umfaßte um 700 v. Chr. elf Tierkreisbilder (ohne den Widder) sowie die vier Sternbilder Plejaden, Orion, Perseus und Auriga.

Seit dem 4. Jahrhundert kannten die Babylonier auch Gestirnstandstabellen und Formeln zur Vorausberechnung der Planetenstände – die Astronomie war geboren. Viele Sternbeobachter verloren jedoch dadurch das Interesse an der Astrologie: Man hatte dem Himmel sein Geheimnis entrissen; das willkürlich auftretende Omen war der Präzision der Berechenbarkeit gewichen. Auf der anderen Seite trieb die Astrologie aber auch neue Blüten, hatte sie doch jetzt ein Instrumentarium zur Verfügung, das ihre Möglichkeiten erheblich erweiterte.

Im Jahre 539 v. Chr. eroberte der persische Herrscher Kyros das neubabylonische Reich, und Babylon erfuhr eine intensive Begegnung mit iranischen Lehren, von der Religion des Zoroaster bis zu den Spekulationen über die Weltperioden. Stand bis dahin die zyklische Wiederholung allen Naturgeschehens im Vordergrund der astrologischen Betrachtung, so erfuhr nun die Auffassung von der »Einmaligkeit des Daseins« (Knappich) ihre Hoch-Zeit. Die Vorherbestimmung des Schicksals gewann zunehmend Raum im allgemeinen Bewußtsein, und es entwickelte sich, wie Knappich und Schaeder formulieren, ein regelrechter ›Astralfatalismus‹. Dieser war den Babyloniern vorher weitgehend fremd gewesen: Die Sterne übersetzten zwar den Willen der Götter, doch jeder noch so große menschliche Frevel ließ sich durch geeignete Sühneopfer wiedergutmachen. Mit Hilfe magischer Praktiken konnte man Einfluß auf drohendes Unheil nehmen, das Schicksal war also vorgezeichnet, aber durchaus abwendbar.

15 Priester beim Opfer auf einem Ziggurat. Babylonischer Tonzylinder (ca. 4. Jahrtausend v. Chr.)

Entscheidender ist in diesem Zusammenhang die Tatsache, daß die Astrologie nun das Individuum zu entdecken begann. So entstand die sogenannte Geburtsastrologie. Ihre Vorläuferin, die Stundenastrologie, die schon um 2000 nachzuweisen ist, berechnete mit Hilfe astrologischer Erkenntnisse besonders günstige Zeitpunkte für bestimmte Vorhaben. So kannte die babylonische Zivilisation Texte, die die besten Sonnen- und Mondstellungen für bestimmte Beschwörungen angeben – eine Disziplin, die heute in geheimwissenschaftlichen Kreisen gemeinhin als Astromagie bezeichnet wird. Die Praktik, eigene Geburtshoroskope für Individuen anzufertigen, die keine staatsragende, königliche Sonderstellung beanspruchen können, ist jedoch erst relativ spät zu beobachten.

Zu Anfang ging es zumeist um die Frage, wieviel Glück ein unter einer bestimmten Konstellation geborener Mensch erwarten durfte. Zwar verwendete man noch kein Häusersystem mit Aszendenten und Meridian (*Medium coeli*), aber man berücksichtigte durchaus schon Planeten, die im Augenblick der Geburt am Horizont auf- oder abstiegen. Für den 4. April 263 v.Chr. ist uns ein Horoskop überliefert, das bereits die Positionen der Planeten in Zeichen und Graden angibt und in dem es unter anderem heißt: »Die Sonne stand in 13°30' Widder, der Mond in 10° Wassermann, Jupiter am Anfang des Löwen, Venus und Merkur waren mit der Sonne [...] Saturn und Mars im Krebs.«[3]

Ein Doppelhoroskop aus dem Jahre 258 v. Chr. hat Anlaß zu der Vermutung gegeben, daß die Babylonier bereits mit dem Geburts- und dem Empfängnishoroskop des Nativen arbeiteten, denn das eine datiert vom 17. März 258 v.Chr., das zweite, auf der Rückseite der Tafel befindliche, vom 20. Dezember 258 v.Chr. Zwischen beiden Terminen liegen gut 270 Tage, was der Zeit einer Schwangerschaft entspricht.

Besonders in der seleukidischen Ära lassen sich mit großer Wahrscheinlichkeit griechische Elemente in der babylonischen Astrologie nachweisen, was im Zweistromland nicht weiter verwundern kann, stand es doch seit der Eroberung durch die Perser sowohl unter deren als auch unter griechischer, parthischer und römischer Herrschaft.

Im späten Rom sollten die Kaiser Erlasse gegen die ›Chaldäer‹ verfügen, die immer wieder mit Schimpf und Schande aus der Metropole verjagt wurden, wenn man sie nicht gar zum Tode verurteilte. ›Chaldäer‹, das war der Sammelbegriff für Hellseher, Magier, Traumdeuter und Mantiker aller Art, und selbstverständlich gehörten auch die Astrologen dazu. Dies alles macht aber auch deutlich, welche herausragende Rolle die Babylonier bereits in der Antike auf dem Gebiet der Schicksalsdeutung spielten.

Um das Jahr 280 v.Chr. verfaßte der Marduk-Priester Berossos seine »*Babyloniaka*«, ein Werk, das er seinem König (Antiochos I.) widmete und in dem er auch die chaldäische Astrologie ausführlich beschrieb. Seine beiden Schüler Antipater und Achinapulos lehrten, so berichten antike Autoren, daß der Augenblick der Empfängnis für die Schicksalsdeutung wesentlich wichtiger sei als die Geburtsminute. Demnach ist die Empfängnishoroskopie noch weitaus älter, als viele ihrer heutigen Verfechter glauben!

Im alten Babylon finden wir auch Vorläufer der späteren griechischen Lehre von den Aufgangszeiten und der sich daraus entwickeln-

16.1 und 16.2   Griechisch beeinflußte Darstellungen des Sonnengottes Hatrade-Schamasch; 2. Jhdt. v. Chr.

den Häusersysteme, denn bereits zu dieser Zeit kannte man Formeln für die Berechnung des Aufsteigens der Tierkreiszeichen in verschiedenen Breitengraden. Allerdings sollte es dem Ägypten der Ptolemäerzeit vorbehalten bleiben, eine eigenständige Theorie der Himmelshäuser zu entwickeln und diese in die praktische Horoskopie einzubringen.

Unter dem allgemeinen Niedergang der babylonischen Kultur hatte auch die Sternenkunde zu leiden, und so wanderten viele Astrologen und Astronomen nach Ägypten aus. Die Sternwarten gerieten bis auf wenige Ausnahmen in Vergessenheit, und andere Kulturen übernahmen die Aufgabe, die Kunst der Astrologie weiterhin zu betreiben, vor allem natürlich das alte Ägypten.

17 Der Kult der Sonne: Auch die blutrünstige Kriegsgöttin Sachmet wird hier in eine unmittelbare Verbindung mit dem Astralen gesetzt

Die Astrologie des alten Ägypten

Im Ägypten des Alten und des Mittleren Reichs von Astrologie zu sprechen, wie wir sie heute verstehen, wäre sicherlich falsch. Erst durch spätere babylonische und griechische Einflüsse konnte sich im Nilland eine echte Astrologie entwickeln; vorher kannte man allenfalls – wie es auch lange Zeit für China und Mittelamerika galt – die Tagesmantik, die man auch als Tageswählerei oder Lehre von den Tageslosen bezeichnet.

Die Ägypter, die von den jährlichen Nilüberschwemmungen völlig abhängig waren, weil sich ihre Kultur fast ausschließlich auf das Ufergebiet des Nils konzentrierte (und konzentriert), brauchten schon in frühester Zeit ein Kalendarium, mit dessen Hilfe die Zeit der Überschwemmungen einigermaßen sicher bestimmt werden konnte. Damit einher ging die Notwendigkeit, die Position der Grenzsteine immer wieder neu zu bestimmen, wodurch sich eine hochrangige Feldmeßkunst entwickelte. Von der allgegenwärtigen Priesterschaft beherrscht oder in sie integriert, entstand so eine Kaste (oder Oberschicht) aus Mathematikern, Ingenieuren und Astronomen, die die Mathematik und die Baukunst zu nie gekannten Höchstleistungen trieb.

Das beherrschende göttliche Prinzip der ägyptischen Religion war die Sonne. Knappich irrt jedoch, wenn er den monotheistischen Sonnenkult des Echnaton als charakteristisches Beispiel für die innerhalb der Ägyptologie bis heute sehr umstrittene These heranzieht, daß die intellektuelle Oberschicht in der polytheistischen Göttervielfalt »nur Manifestationen einer in der Natur verankerten, immanenten Gottheit« gesehen hätte. Tatsächlich galt Echnaton schon zu Lebzeiten als Ketzer, und von seinem monotheistischen Kult hatte in der altägyptischen Geisteswelt – von einigen ideengeschichtlichen Überresten in Judentum, Christentum und Islam abgesehen – nur weniges Bestand. Dennoch ist es wahr, daß dem Sonnenkult des Ra (auch: Re) im Wüstenland Ägypten eine herausragende Rolle zukam.

Von weitaus größerem Interesse für die Astrologie ist dagegen die »Vergöttlichung der Zeiträume«, von der Knappich an gleicher Stelle zu Recht spricht. Den einzelnen Zeiträumen wurden bestimmte Qualitäten zugeordnet, die meist in der Gestalt von Gottheiten personifiziert wurden. Entscheidend für die ägyptische Mythologie und Religion war die Vorstellung von der Kraft, über die die Götter verfügten und von der sie bei ihrem Zug über das Firmament stets etwas zurückließen (wodurch sie die Zeit gewissermaßen mit ihr tränkten).

Grundanliegen der ägyptischen Weltanschauung und Theologie war die Mehrung der Ordnung angesichts des Chaos, das vor der Schöpfung bestanden hatte. Nilüberschwemmungen brachten zwar die Fruchtbarkeit, konnten aber auch immer wieder in Katastrophen umschlagen. So stand die Berechenbarkeit des Seins im Vordergrund aller Bemühungen der ägyptischen Priester und Forscher.

Die Rolle der Schicksalsgottheiten steht in engem Zusammenhang mit jeder Mantik. Seit der Hyksoszeit übernahmen neben den Göttinnen Ma'at und Isis auch Nephthys und Hathor diese Rolle. Letztere wurde von den sieben Hathoren begleitet, die dem Neugeborenen an der Wiege sein Schicksal verkündeten und später mit den Planeten gleichgesetzt wurden.

In der Astrologie des alten Ägypten unterschied man drei Jahreszeiten, die jeweils einer Gottheit der heiligen Triade unterstanden. Die ›Zeit des Osiris‹ dauerte etwa von Juli bis Oktober und galt als Zeit der Überschwemmungen. Die ›Zeit der Isis‹ währte etwa von November bis Februar. In diesem Zeitraum wurde gesät und angebaut. Die ›Zeit des Horus‹ schließlich, von März bis Juni, war die Zeit der Ernte.

Das Jahr wurde zudem in zwölf Monate zu je 30 Tagen bzw. drei Zehntagewochen eingeteilt, den ›Dekaden‹. Um dem tatsächlichen Sonnenumlauf einigermaßen zu entsprechen, setzte man ferner fünf Schalttage an, die den religiösen und staatlichen Festen vorbehalten blieben. Den 36 Dekaden standen sogenannte Dekadengötter vor, denen wiederum je einer der ägyptischen Gaue zugeordnet wurde. Außerdem regierten sie Völker und Länder wie auch bestimmte Körperteile, was für die Astromedizin eine große Rolle spielte.

◁ 18 Pharao Echnaton bei der Opferung an den Sonnengott Aton – ein häufiges Thema ägyptischer Sakralkunst

Dieses Kalendarium wurde aus der Beobachtung des Sirius abgeleitet. Da die Priesterschaft bis in die hellenistische Zeit starr daran festhielt, das Jahr auf diese Weise aber tatsächlich 365½ Tage hatte, wanderten die Feste immer weiter. Erst die von Julius Caesar oktroyierte Kalenderreform machte dieser Verwirrung ein Ende.

Den natürlichen Tag unterteilte man in 24 ›kairische‹ oder Temporalstunden, die in ihrer Länge abhängig von den Jahreszeiten und ihren jeweiligen Sonnenständen waren. Zu ihrer Bestimmung dienten erst Sonnen-, später auch Wasseruhren. Die zwölf Tag- und zwölf Nachtstunden unterstanden ebenfalls Gottheiten – eine Praktik, die wir in der hermetischen Lehre von den Planetenstunden und den Stundendämonien wiederfinden. In den altägyptischen Jenseitsbüchern ist ferner häufig von den ›zwölf Toren‹ die Rede, die die Seele des Verstorbenen in der Unterwelt durchschreiten muß.

19 In der Gestalt der Nut wurde der Himmel im alten Ägypten vergöttlicht: Schützend wölbt sich das Firmament über die göttlich-irdische Ordnung (Detail aus dem *»Greenfield-Papyrus«*)

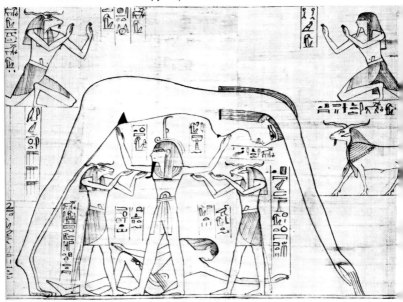

20 Die Grabdecke des Königs Sethos I. (19. Dynastie) zeigt die Sternbilder (ca. 1300 v. Chr.)

Da der Tote grundsätzlich mit dem Sonnengott identifiziert wurde, spiegelt er auch dessen zwölf Manifestationsformen und Zeremonien wider – Vorbild für das spätere hellenistische Häusersystem, von dem noch die Rede sein wird. Hier klingen ebenfalls die zwölf Doppelstunden der Babylonier an, denen zwölf heilige Tiere zugeordnet wurden. Nach einer beglaubigten Quelle waren dies Katze, Hund, Schlange, Käfer, Esel, Löwe, Widder, Stier, Sperber, Affe, Ibis und Krokodil. Später sollten diese Stundentiere mit den Figuren des griechischen Zodiaks verschmelzen. Denn erst in ptolemäischer, weitgehend an griechischem Gedankengut orientierter Zeit sollten die Ägypter diesen – uns vertrauten – Tierkreis übernehmen. Das älteste bekannte Dokument dieses Tierkreises findet sich im Chnum-Tempel von Esna, der ca. 200 v. Chr. erbaut wurde.

Im fünften Buch Mose (18,10–12) finden wir die Ermahnung:

> »Es soll bei dir keinen geben, der seinen Sohn oder seine Tochter durch das Feuer gehen läßt, keinen, der Losorakel befragt, Wolken deutet, aus dem Becher weissagt, zaubert, Gebetsbeschwörungen hersagt oder Totengeister befragt, keinen Hellseher, keinen, der Verstorbene um Rat fragt. Denn jeder, der so etwas tut, ist dem Herrn ein Greuel. Wegen dieser Greuel vertreibt sie der Herr, dein Gott, vor dir.«

Mit den ›Losorakeln‹ ist nicht zuletzt auch die altägyptische Praktik der Tagesmantik gemeint, die man zwar technisch noch zur Astrologie zählt, die aber tatsächlich, ähnlich wie die Systeme der Chinesen und der Mayas, in den Bereich der reinen Omendeutung fällt. Denn mit Himmelsbeobachtung haben diese Disziplinen nur sehr mittelbar zu tun.

Da jede Zeiteinheit einem göttlichen Prinzip unterstand, lag es nahe, daraus ein mantisches System zu entwickeln. So entstanden ganze Kalendarien mit Orakeltexten, die den Tag in drei Drittel einteilten und für jedes davon eine Wertung abgaben. Zwei Beispiele sollen dies erläutern:

> »4. Paophi: Ungünstig, günstig, günstig. Gehe nicht an diesem Tage aus dem Haus. Wer an diesem Tage geboren wird, stirbt auch an diesem Tage durch Ansteckung.
>
> 9. Paophi: Günstig, günstig, günstig. In Freude ist das Herz der Götter und die Menschen jubeln, denn der Feind des Ra ist gefallen. Wer an diesem Tag geboren wird, stirbt an Altersschwäche.«[4]

Im Gegensatz zur babylonischen befaßte sich diese ägyptische Astrologie zunehmend mit dem individuellen Schicksal.

Neben solchen Tagesprognosen gab es noch weitere Orakelsysteme, etwa die 30 Prognosen, die auf dem synodischen Mondlauf beruhen, oder auch die Dekanprognosen, die jeweils für zehn oder fünf Tage (die Subdekane) galten und zur Deutung die aufgehenden Sternbilder berücksichtigten.

Später wurde die Dekaneinteilung in den griechischen Zodiak übernommen, und noch heute arbeiten zahlreiche westliche Astrologen damit. Eine astrologische Spielart der altägyptischen Tagesmantik findet sich auch in der ›Gradsymbolik‹, bei der es für jeden Grad des Tierkreises einen Orakeltext gibt. Solche Texte findet man bis heute unter den verschiedensten Bezeichnungen. Sprach man früher pauschal von ›Thebäischen Kalendern‹, so wurden durch den Einfluß des amerikanischen Astrologen Dane Rudhyar in den letzten Jahren vor allem die ›Sabischen Symbole‹ bekannt; aber auch andere Autoren haben sich immer wieder diesem Thema gewidmet. Besonders die populäre Astrologie bediente sich mit Vorliebe der vergleichsweise unkomplizierten Deutung dieser Gradschicksale. (In der Fachliteratur wird übrigens auch gern darauf hingewiesen, daß die Auferstehung des Osiris am 26. Chojak gefeiert wurde. In ptolemäischer Zeit fiel dieser Tag auf den 25. Dezember! Im Zuge der Christianisierung durch Kaiser Konstan-

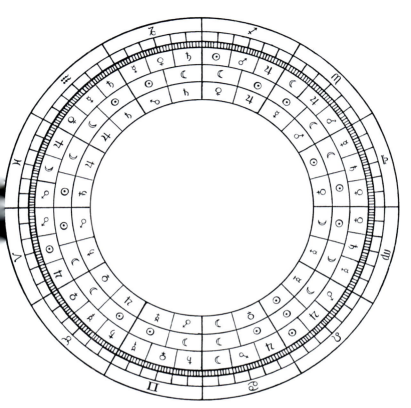

21 Moderne Darstellung der Dekanatszuordnungen der Planeten im Horoskop-Schema – ein astrologisches Prinzip, das seinen Ursprung im alten Ägypten findet. Aus Alfred Fankhausers »*Das wahre Gesicht der Astrologie*«

tin II. wurde dieser Feiertag, der in Rom zudem dem Sonnengott geweiht war, zum Geburtstag Christi ernannt.)

Ideengeschichtlich muß man die ägyptische Astrologie der Ptolemäer der hellenistisch-römischen Sternenkunde zuordnen, denn nun, im Neuen Reich, setzt eine Entwicklung ein, die nicht nur vermehrt griechische und römische Einflüsse aufnimmt, sondern in manchem auch eine radikale Abkehr von der altägyptischen Kultur und Religion vollzieht. Als ältestes erhaltenes Werk der gräko-ägyptischen Astrologie gelten die *»Salmeschoiniaka«*. Dieser Orakeltext, in einem barbarischen Griechisch verfaßt, fußt noch auf der alten Tages- und Gradmantik.

In griechischer Zeit wurden die meisten solcher Texte dem Hermes Trismegistos zugeschrieben und galten als Offenbarungsliteratur. Eines der bekanntesten Werke dürften die *»Astrologumena«* sein, die vorgeblich von Nechespo und Petosiris verfaßt wurden, beides authentische historische Gestalten: König Nechespo (auch: Necho) soll um 700 v. Chr. gelebt haben; von dem in Hermopolis tätigen Oberpriester Petosiris (ca. 300 v. Chr.) ist das Grab erhalten. Tatsächlich wurden die *»Astrologumena«* aber wohl um 150 v. Chr. geschrieben.

Ptolemäus selbst faßte das gesamte sternkundliche Wissen seiner Zeit in zwei Handbüchern zusammen: die rein astronomische *»Syntaxis«* (*»Almagest«)* und das rein astrologische *»Tetrabiblos«*, das bis heute eine Art Bibel für die traditionalistischen Astrologen der ›klassischen Schule‹ geblieben ist (siehe Ft. 1).

Die Astrologie der Antike

Wir haben gesehen, daß die Astrologie auf eine lange Geschichte zurückblicken kann, die wesentlich älter ist als die der griechisch-römischen Antike. Und doch war es eben diese Epoche, in der die wesentlichen Grundlagen für den späteren Siegeszug der Astrologie im Mittelalter und in der Renaissance gelegt wurden.

Bereits die Griechen beriefen sich immer wieder auf die Chaldäer, wenn sie sich astrologisch betätigten. Überhaupt war man stets bemüht, sich auf irgendwelche früheren Autoritäten zu stützen, was in einer Zeit, in der das geschriebene Wort noch etwas Magisches und Heiliges hatte, oft schon als Beweisführung genügte.

Die eigentliche Auseinandersetzung mit der Astrologie begann allerdings erst im Hellenismus, ungefähr mit dem Tod Alexanders des Großen. Der orientalische Einfluß war dabei unverkennbar, was damit zusammenhing, daß für die Griechen Ägypten als Wiege der Weisheit galt. Mit den Persern verfeindet, begriffen die Griechen sich oft als die geistigen Erben der Ägypter.

Platon referiert bereits in seinem Buch »*Vom Staate*« den iranischen Astralmythos vom Er: Diesem offenbarte eine Göttin, daß jeder Mensch vor seiner Inkarnation sein Schicksal frei wählen könnte und es von den Schicksalsgöttinnen am Himmel festgeschrieben würde. Die Planeten sollten darüber wachen, daß das nun unabänderliche Los seinen Lauf nahm. Später werden dann die Planetengötter (wie wir bereits im ersten Kapitel sahen) zu eigenständigen Wesenheiten, die als Erfüllungsgehilfen des Weltschöpfers tätig sind.

Die Astronomie war in Griechenland bereits bekannt, als Alexander der Große um 330 v. Chr. von seinen Eroberungszügen den chaldäischen Astrologen Berosos mitbrachte. Schon zu Zeiten Hipparchs, im 2. Jahrhundert, hatte der Tierkreis seine vorläufig endgültige Form erhalten. Es heißt, daß Berosos, der die chaldäische Astrologie erst-

22 Fragment eines astrologischen Handbuchs aus dem 2. Jhdt.

malig in griechischer Sprache darstellte, auf Kos eine eigene Astrologenschule gegründet hatte. Seine Vorhersagen beeindruckten die Athener so sehr, daß sie ihm eine Statue mit goldener Zunge errichteten. Die griechischen Astrologen Epigenes von Byzanz, Apollonius von Myndos und Kritodemos berufen sich ebenfalls auf chaldäisches Wissen.

Die Griechen widmeten sich mit einer bis dahin beispiellosen Intensität der Frage nach der Vorsehung, dem Schicksal und der Vorherbestimmung. Schon damals ging es auch um das manchen heutigen Menschen hochmodern anmutende Problem der Existenz oder Nichtexistenz Gottes (genauer, der Götter). Der Astrologie sollte in dieser Debatte eine bedeutende Rolle zukommen, wie denn überhaupt jeglicher Mantik, denn man war der Auffassung, daß die Mantik die Existenz der Götter beweise – ein theologisches Argument, das die enge Verknüpfung zwischen Astrologie und Religion in der Zeit der Priester-Astrologen deutlich macht. So konnte es nicht ausbleiben, daß sich schon früh auch kritische Stimmen Gehör verschafften. Eudoxos von Knidos, ein Zeitgenosse und Freund Platons, fällte z. B. ein sehr herbes Urteil über die Lehren der ›Chaldäer‹, wie man schon bald pauschal – besonders auch später in Rom – alle Mantiker und Astrologen bezeichnete.

Dem Determinismus der Stoiker kam die Astrologie sehr gelegen, schien sie doch die grundlegende Einheit der Welt als Gesamtorganismus zu belegen. Zu ihrer Ergebenheit in ein ohnehin unvermeidbares Schicksal gesellte sich ein starkes Interesse an der Mantik. Bereits im Ägypten der Ptolemäerzeit, dem großen Vorbild des Hellenismus, gab es Astrologen-Priester, die man auf griechisch ›horoskopoi‹ nannte. Das Wort Horoskop selbst bedeutet bekanntlich nichts anderes als ›Stundenschau‹, und die Aufgabe der Horoskopoi bestand darin, mit Hilfe der Tempelwissenschaft der Astrologie die Funktion von Staatsorakeln zu erfüllen.

Schon in der vorchristlichen Zeit schrieb man vieles von dem, was man bei uns bis vor kurzem noch ›Geheimwissenschaft‹ oder ›Okkultismus‹ nannte, und das heute eher unter dem Sammelbegriff ›Esoterik‹ eingeordnet wird, dem mythischen Hermes Trismegistos zu. Aus den hermetischen Lehren – der sogenannten Hermetik – ist die Astrologie nicht wegzudenken, und so lag es nur nahe, daß sich auch viele grie-

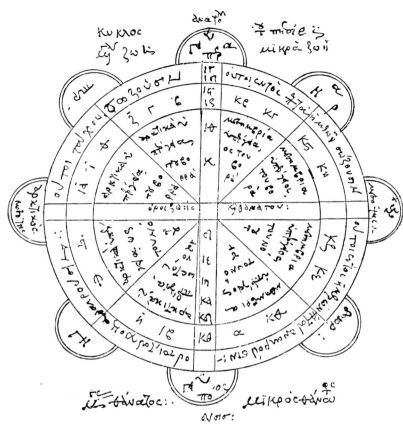

23 Die ›Sphäre des Petosiris‹, ein antikes Divinationsinstrument zur Bestimmung des Individualschicksals, allerdings unabhängig von Gestirnstandsberechnungen

chische Astrologen auf Texte stützten, die vorgeblich aus dem »*Corpus hermeticum*« stammten, wie die Lateiner den Kanon hermetischer Schriften bezeichneten.

Die »*Astrologumena*«, dieses Standardwerk der hellenistischen Astrologie, haben wir bereits erwähnt. Sie seien, so hieß es, von den beiden Ägyptern Nechepso und Petosiris verfaßt worden. Der wohl älteste rein griechische Astrologe aber dürfte Kritodemos gewesen sein. Er verfaßte unter anderem das astrologische Werk »*Pinax*«, das als die älteste erhaltene Schrift der griechischen Astrologie gilt.

Aristoteles selbst lehnte die Astrologie zwar ab, doch das hinderte seine astrologischen Nachfahren nicht, sich auf sein Prinzip des *Primum mobile* zu berufen, mit dem man lange Zeit den Sternenhimmel bezeichnete.

Ihren Höhepunkt erreichte die griechische Astrologie, nachdem sie sich endgültig aus ihrer Abhängigkeit von den Babyloniern und Chaldäern gelöst hatte, mit Posidonios von Apameia, dem Lehrer Ciceros, der von 135 bis 51 v. Chr. lebte. Posidonios war der ›Erfinder‹ der ›Naturphilosophie‹, aus der sich dann später die Naturwissenschaften entwickelten.

Was in der Theologie die Seele heißt, wird in der Physik für Posidonios die Kraft, und so leitet sich die rationalistische Astrologie unserer Zeit mit ihrer Einflußtheorie von ihm ab. Die Sterne sind nun nicht mehr nur mythische, beseelte Wesenheiten, die entweder selbst göttlicher Natur sind oder den Willen der Götter ausführen und über seine Umsetzung wachen, sondern sie werden zu Wirkkräften, die allerdings in Harmonie und Sympathie mit dem Weltganzen stehen und seinen geheimen Lauf offenbaren. Posidonios war es auch, der das berühmte »*Tetrabiblos*« (Viererbuch) des Claudius Ptolemäus am meisten beeinflußte.

Eine Schnittstelle zwischen griechischer und ägyptischer Geisteswelt war die Vielvölkermetropole Alexandria, eine Hochburg antiker Gelehrsamkeit, die zudem zwei der sieben Weltwunder beherbergte. Die Bibliothek von Alexandria hat auch heute nichts von ihrem guten Ruf eingebüßt, wenngleich sie nach der muslimischen Eroberung als ›Hort heidnischer Ketzerei‹ vernichtet wurde. Monatelang sollen mit ihren Schriften die öffentlichen Badehäuser beheizt worden sein – manch ein unwiederbringliches astrologisches Werk wurde auf diese Weise ein Opfer der Flammen.

In Alexandria berechnete Erastothenes erstmals – mit noch heute verblüffender Präzision – den Erdumfang; hier verfaßte Euklid sein Lehrbuch der Geometrie; und hier schuf man ein erstes Koordinatensystem, mit dessen Hilfe man die Fixsterne genau positionieren konnte. Hipparch entdeckte zu Alexandria die Präzession der Erdachse, und so ersetzte man den siderischen Tierkreis, der von einem Fixstern ausging, durch den tropischen, der mit dem Frühlingspunkt beginnt. Mit Ausnahme der indischen Astrologie und ihren Ausläufern (z. B. die anthroposophische Astrologie), die mit dem siderischen Zodiak arbeiten, verwendeten seit Claudius Ptolemäus alle Astrologen diesen tropischen Tierkreis.

Um 200 v. Chr. entwickelte Hypsikles, wiederum in Alexandria, die Theorie von den Aufgangszeiten der Tierkreiszeichen in den verschiedenen Breitengraden. Nachdem Hipparch sie durch mathematisch-trigonometrische Erkenntnisse verbessert hatte, war dem Häusersystem der Weg bereitet, und man konnte inzwischen auch einigermaßen zuverlässig die Positionen der Planeten und die Ekliptiken vorausberechnen. Die Ephemeriden und Almanache lösten die Himmelsbeobachtung ab; die mathematisch-abstrakte Astrologie war aus der Taufe gehoben worden.

Etwa um diese Zeit müssen auch die Wochentage den astrologischen Planetengöttern zugeordnet worden sein, wie bei den Römern geschehen. Rudimente davon erkennen wir noch heute in unseren Wochentagsbezeichnungen, teilweise noch deutlicher im Englischen und Französischen. Ein kleiner Überblick soll dies veranschaulichen:

Wochentag	englisch	französisch	lateinisch	Planet
Sonntag	*Sunday*	*dimanche*	*dies solis*	Sonne
Montag	*Monday*	*lundi*	*dies lunae*	Mond (Luna)
Dienstag	*Tuesday*	*mardi*	*dies martis*	Mars
Mittwoch	*Wednesday*	*mercredi*	*dies mercurii*	Merkur
Donnerstag	*Thursday*	*jeudi*	*dies iovis*	Jupiter (Iovis)
Freitag	*Friday*	*vendredi*	*dies veneris*	Venus
Samstag	*Saturday*	*samedi*	*dies saturni*	Saturn

Die im Deutschen und Englischen abweichenden Wochentagsnamen entstammen dem germanischen Götterreich: Mars wurde durch Tyr ersetzt, Merkur durch Wodan, Jupiter durch Donar und Venus durch

Freya. Im romanischen Bereich dagegen wurde aus dem Sonntag der
›Tag des Herrn‹ (ital.: *doménica*). Die Reihenfolge der Tage war ein
Produkt pythagoräisch-zahlenmantischer Überlegungen.

Die Siebentage-Woche selbst ist jüdisch-semitisches Gedankengut;
weder die Ägypter noch die Griechen kannten sie ursprünglich. In
Alexandria aber, wo sich die Weltanschauungen und Philosophien
ebenso vermengten wie die Religionen und die Völker, entstand diese
noch heute gebräuchliche Planetenwoche.

Aus hellenistischer Zeit datiert ein umfassender Teil des Erbes heutiger Astrologie: die Zuordnung der Tierkreiszeichen zu den vier Elementen Feuer, Erde, Luft und Wasser; die Planetenwoche; das Prinzip
der zwölf Geburtsorthäuser (*Dodekatopos*); die Aspektlehre; die Planetenwürden (*Oikodespotie:* Domizil, Exaltation usw.); die sensitiven
Punkte oder Himmelslose; die Berücksichtigung der Mondknoten; das
graphische Horoskop-Schema; die astrologischen Symbole und vieles
mehr. Den Tierkreis übernahmen die Griechen zwar von den Babyloniern, präzisierten ihn jedoch und verschmolzen ihn mit ihrer eigenen,
überaus reichen Mythologie.

Die Bedeutung der Planeten- und Tierkreissymbole ist innerhalb des
Okkultismus kontrovers diskutiert worden. Mit mancherlei Spekulationen versuchte man, dem verborgenen ›wahren Wesen‹ der astrologischen Grundprinzipien auf die Spur zu kommen – oder auch entsprechende Überzeugungen auf sie zu projizieren. Zwei typische ›Erklärungen‹ dieser Art wären die folgenden:

Das Saturn-Emblem sieht bekanntlich aus wie eine Sichel. Viele
Autoren sehen darin ein Symbol für den Tod, den der Saturn nach
traditioneller Lehrmeinung unter anderem verkörpert. Ein anderer
Erklärungsansatz zerpflückt die Glyphe in ihre Bestandteile und deutet jedes für sich: Das Kreuz soll eine alte Darstellung der Erde sein,
denn hier treffen Geist (senkrechter Balken) und Materie (waagerechter Balken) aufeinander. Dieses ›göttliche‹ Prinzip aber muß über dem
Wankelmut (der Mondsichel) stehen und ihr Ordnung und Verläßlichkeit durch Strenge verleihen.

Ähnlich hat man versucht, im Merkur-Symbol gleichzeitig Venus,
Erde und Mond zu erkennen. Auch pythagoräische und platonische
Spekulationen über Kreis, Kreuz und Halbkreis wurden (und werden)
in diesem Zusammenhang gerne bemüht. So soll die Saturn-Glyphe ein

abgeschnittenes Jupiter-Symbol enthalten, ebenso das Erd-Kreuz und den zur Vollendung auffordernden Halbkreis des Mondes. Schließlich wird die Erde häufig als reichsapfelähnlicher Kreis mit einer darauf ruhenden *crux quadrata* (ein Kreuz mit gleich langen Senkrecht- und Querbalken) abgebildet – als auf dem Kopf stehendes Venus-Symbol, aus dem sich ebenfalls die Saturn-Glyphe ableiten läßt.

Bei dieser scheinbar festen Zuordnung wird häufig übersehen, daß es eine Vielzahl von einander durchaus nicht immer sehr ähnlichen, ja sogar sich widersprechender Zeichen für ein und dasselbe Planetenprinzip gibt. Der Grund liegt darin, daß sich im Mittelalter die Alchimisten auch der astrologischen Symbolik bedienten und mit Saturn das Blei, mit Merkur dagegen das Quecksilber bezeichneten, beides Elemente von herausragender Bedeutung innerhalb der Alchimie. Diese Metalle wurden allerdings mit den astrologischen Prinzipien gleichgesetzt. Abbildung 24 zeigt einige Beispiele für die reiche Vielfalt dieser Symbole.

Weitaus prosaischer hingegen ist die Erkärung, die Knappich in seiner vorzüglichen »*Geschichte der Astrologie*«, in der er auf eine ältere Theorie von K. A. Nowotny zurückgreift, für die Entstehung der Pla-

24 *obere Reihe:* Spekulative Deutung der Planeten-Glyphen von Saturn *(links)* und Merkur; *darunter:* Verschiedene astrologische und alchimistische Symbolformen für Saturn *(Mitte)* und Merkur (nach Schwarz-Winklhofer/Biedermann)

netensymbole anbietet. Demzufolge sollen die Planetensymbole stilisierte Abkürzungen der ausgeschriebenen griechischen Götternamen sein. So nannte man den Saturn auf griechisch *Kronos*. Die beiden Anfangsbuchstaben, Kappa ($\varkappa$) und Roh (ϱ) sollen zur eigentlichen Saturn-Glyphe verschliffen worden sein. Ähnlich wurden aus der Bezeichnung *Stilbon* für Merkur das Sigma (Σ) und das Tau (τ) entnommen und miteinander verbunden. Letzteres kann jedoch ebensowenig überzeugen wie die Deutung Knappichs für Hermes: Eta (H) und ein Schlußstrich. Einwandfrei gesichert sind diese Behauptungen also nicht, deshalb bleibt dem Symbolforscher hier noch ein weites Betätigungsfeld für seine Untersuchungen.

Die Bezeichnung Horoskop beziehungsweise ›Horoscopium‹ setzte sich erst im Mittelalter durch. In der Antike sprach man vom Thema oder von der ›Genesis‹ (lat. *constellatio* bzw. *genitura*) und verwendete zumeist ein äquales Häusersystem, bei dem die Felder oder Orte, wie die Bezeichnung impliziert, alle 30° groß waren. Die Festschreibung der Winkelbeziehungen oder Aspekte geht auf die pythagoräische Harmonik zurück, beruht also auf deduktiven Überlegungen der Philosophie und Metaphysik. Diese Ansicht sollte immer wieder aufleben, etwa in der Neuzeit, als sich die auf Horoskop-Figuren ausgerichtete harmonikale Astrologie entwickelte, die heute in Fachkreisen viel Beachtung findet. Auch die Keplersche Lehre von der Sphärenharmonie, die über Robert Fludd Eingang in rosenkreuzerische Spekulationen finden sollte, läßt sich in diese Kategorie einordnen.

Große Bedeutung kommt auch der hippokratischen Lehre von den Temperamenten und den vier Körpersäften zu, die besonders in der Astromedizin der Antike, des Mittelalters und der Renaissance eine herausragende Rolle spielte. Man ordnete die Temperamente, die Säfte und ihre jeweiligen Qualitäten den Planeten zu und entwickelte entsprechende Therapien. So entsprachen beispielsweise dem cholerischen Temperament mit seiner weißen Galle und seiner warmtrockenen Qualität die Planeten Mars und Sonne.

Ähnlich wie in der Naturheilkunde-Diskussion der Gegenwart unterschied man bereits in der Antike in allopathische und homöopathische Therapieansätze, die jeweils auf die Gesetze der Antipathie und Sympathie zurückgriffen. War zum Beispiel der hitzige Mars für eine Krankheit verantwortlich, so verabreichte man nach der sympathiemedizinischen Methode kühlende Mittel, nach der homöopathischen jedoch Fleischkost. Grundlage dafür war die Lehre von den Signaturen, die man schon früh in Korrespondenztabellen zusammenfaßte. Mit dem Sammelbegriff ›Signatur‹ bezeichnete man das Aussehen, die mythologische Ableitung, Farbe, Form und andere Eigenschaften einer Substanz, durch die sie eine Verbindung zu einem bestimmten Planeten, einem Tierkreiszeichen, einem Dekan oder ähnlichem erhielt. So ordnete man dem Hühnerdieb Merkur das Geflügel zu, während dem Ackergott Saturn die Feldfrüchte unterstanden.

In langen astrobotanischen Traktaten bemühte man sich um eine Systematisierung dieser Lehren und der aus ihnen abgeleiteten Entsprechungen. So sollten Sonne und Mond beim Pflücken von Heilpflanzen in dem Zeichen stehen, das auch den Heilpflanzen zugeordnet wurde, im Falle der Zyklame beispielsweise im Löwen, im Falle des Eisenkrauts im Stier. Es versteht sich dabei, daß man derlei Vorschriften und Empfehlungen auch für die Astromagie entwickelte und fleißig zu Rate zog, etwa zur Herstellung von Amuletten und Talismanen.

Abgesehen von der Faszination, die noch heute von diesen Systemen ausgeht, erkennen wir darin den gewaltigen Einfluß der Astrologie auf die Naturbeschreibung – und die Realität – der antiken Weltsicht.

Mit dem unaufhaltsamen Aufstieg Roms zum Weltreich wurde die Tibermetropole zu einem Anziehungspunkt für Religiöses und Magisches aller Art. Aus allen Ländern des immer größer werdenden Reichs strömten die Priester und Philosophen, die Magier und die Zukunftsdeuter herbei, und schon bald benutzte man den abfälligen Sammelnamen ›Chaldäer‹ für Wahrsager, Sterndeuter und Zauberer jeglicher Couleur.

Diese waren zum großen Teil griechischer, syrischer, babylonischer und iranischer Herkunft, fielen also unter das Fremdenrecht. Das bunte Treiben wurde zwar von einigen einflußreichen Familien Roms begrüßt und unterstützt, einem anderen Teil aber war es ein Dorn im Auge. So erließ der Fremdenprätor Cornelius Hispallus 139 v. Chr. ein Edikt, wonach sämtliche ›Chaldäer‹ binnen zehn Tagen die Stadt Rom und den Boden Italiens zu verlassen hätten, weil sie mit ihrer ›schwindelhaften Sterndeutung‹ die Leichtgläubigen ausbeuteten.

Während die Familie der Scipionen die ›Chaldäer‹ förderte, war Cato, der im modischen Philhellenismus eine unrömische Verfalls-

25 Instrument aus dem 3. Jhdt.;
wahrscheinlich eine von astrologischer
Symbolik beeinflußte Wahrsage- oder Zauberscheibe

erscheinung sah, einer ihrer erbittertsten Gegner. Derlei drakonische Maßnahmen blieben allerdings weitgehend wirkungslos, weil es zu viele griechische und syrische Sklaven und Freigelassene gab, von den griechischen Gesandten, die in Rom Redefreiheit genossen, ganz abgesehen. Denn sie blieben davon unberührt und wahrsagten weiterhin, um die Bedürfnisse des immer größer werdenden Marktes abzudecken.

Aber nicht nur zahlreiche Patrizier bedienten sich astrologischer Erkenntnisse, auch die Anführer der immer wieder aufflackernden Sklavenaufstände suchten ihre Anhänger mit astrologischen Prophezeiungen an sich zu binden. Manchem Verschwörer – und seinen astrologischen Beratern – wurde die Sterndeutung allerdings auch zum Verhängnis. So fanden die Schergen des Marius im Gewand des von ihnen erschlagenen Optimatenführers Octavius ein Stundenhoroskop, das ihm empfohlen hatte, Rom nicht zu verlassen – wahrlich ein schlechter Rat! Schon früher war es dem griechischen Usurpator Leontios nicht viel besser ergangen: Er fragte zwei Astrologen nach dem günstigsten

Zeitpunkt für die Machtergreifung und die Kaiserkrönung. Doch er konnte sich nicht an der Macht halten – mit schlimmen Folgen für alle Beteiligten: Noch vor seiner Gefangennahme ließ Leontios die beiden Astrologen köpfen.

Der schon erwähnte griechische Universalgelehrte Posidonios von Apameia hatte großen Einfluß; zu seinen Schülern zählten unter anderem Cicero, Caesar, Sallust und Lukrez. Auch Pompeius ging ihn um Rat an. Als Verfechter der Astrologie machte er die Sternenkunde in den höheren Kreisen salonfähig. Während Cicero jedoch drei Schriften über die Astrologie verfaßte, blieb Caesar skeptisch und mißachtete auch zu seinem eigenen Verderben die Warnung vor den Iden des März. Bis heute hält sich in Astrologenkreisen allerdings hartnäckig das Gerücht, daß der Tierkreis zu Caesars Zeiten nur elf Zeichen umfaßte, wobei das Zeichen Skorpion im Gegensatz zu allen anderen nicht 30°, sondern 60° groß war. Nicht zuletzt aus Gründen der Staatsraison und der Selbstverherrlichung ließ Caesar dieser Fama zufolge sein eigenes Familienwappen (den Igel) auf den Zodiak projizieren: So verlor das Tierkreiszeichen Skorpion die Hälfte seines Umfangs an das heutige Zeichen Waage.

Der schweizerische Forscher und Autor Henri Stierlin hat in seinem Werk »*Astrologie und Herrschaft*« die Zusammenhänge zwischen römischem Kaiserkult und Astrologie ausführlich untersucht. Er weist nach, daß die Divination der Gestalt des Kaisers deutliche Parallelen zum Kult der Planetengottheiten aufweist. Stierlin zeigt darüber hinaus eine Vielzahl astrologischer Einflüsse in der kultischen Architektur Roms auf. Er schildert Caesar im Gegensatz zu anderen Autoren als einen eifrigen Verfechter der Sterndeutung:

> »Er interessierte sich leidenschaftlich für die *Astrologumena* und glaubte fest daran, daß sich ihm im Horoskop die Zukunft enthüllte. Im Jahre 46 reformierte er unter Mitwirkung des Astronomen Sosigenes den Kalender, mit der Einschiebung von 90 Tagen brachte er den Kalender mit den wirklichen Jahreszeiten in Übereinstimmung. Der Wille, den er mit der Einführung des julianischen Kalenders an den Tag legt, hat etwas zu tun mit dem Streben nach Genauigkeit, von dem die Astrologie nur profitieren konnte.«[5]

26 Römischer Götteraltar mit zwölf Gottheiten. Die Zahl zwölf spielt in der Symbolik immer wieder eine große Rolle, denn sie stellt den Bezug zu den Tierkreiszeichen und damit zum Himmel, dem Höheren her. Man denke u. a. auch an die zwölf Apostel im Christentum

Von der Einführung eines eigenen Tierkreiszeichens weiß Stierlin allerdings auch nichts, und so wird man diese Behauptung ins Reich der zahllosen Legenden und Mythen verbannen müssen, die die Astrologie schon seit ihrer Entstehung begleitet haben. Was jedoch nichts an der Tatsache ändert, daß mit dem Ende der Republik und mit Beginn des Kaiserreichs die Astrologie in Rom fest etabliert war. Stierlin vermutet sogar, daß »alle römischen Kaiser, vielleicht mit Ausnahme von Trajan, Anhänger der Astrologie« gewesen seien.

Eine besonders herausragende Rolle nahm dabei Octavius-Augustus ein, unter dessen Herrschaft die Astrologie zu einer richtigen Mode wurde. Der Steinbock-Geborene ließ sein Geburtszeichen in Münzen schlagen und in Kameen schneiden. Aus Gründen der Staatsraison ließ er (der Adoptivsohn und Rächer Caesars) den Glauben verbreiten, daß Caesars Seele in dem Kometen fortlebte, der im Jahre der Ermordung des Herrschers (44 v. Chr.) am Himmel erschienen war.

Allerdings war es auch Augustus, der die Astrologie einmal mehr als echtes Herrschaftswissen etablieren wollte, wie sie schon früher – wenigstens in der Theorie – das Privileg der Priesterkasten war. Deshalb erließ er sofort nach seiner Machtergreifung ein Verbot, das Horoskop des Kaisers zu dessen Lebzeiten zu stellen. Damit wurde zumindest die politische oder Mundanastrologie zum alleinigen Privileg des Herrscherhauses – ein Gesetz, das während des ganzen Kaiserreichs in Kraft bleiben sollte, wenn man ihm im Laufe der Zeit auch mit recht unterschiedlicher Strenge zur Geltung verhalf. Augustus veröffentlichte dafür sein eigenes Horoskop und ließ es gezielt in Umlauf bringen.

Augustus' Schwiegersohn Tiberius ging bei einem berühmten Astrologen in die Schule, bei Thrasyllus aus Alexandria, Sohn einer Prinzessin aus Kommagene. Nach Tiberius' Thronbesteigung wurde Thrasyllus sein persönlicher Hofastrologe und bestimmte auf diese Weise das politische Schicksal Roms mit. Nach seinem Tod holte Tiberius den Sohn des Thrasyllus (Tiberius Claudius Balbillus) aus Alexandria an den kaiserlichen Hof, wo dieser nacheinander die Kaiser Tiberius, Caligula, Claudius und Nero beriet. Hier haben wir das seltene Phänomen einer regelrechten Dynastie von Sterndeutern vor uns, denn immerhin begleitete noch Julia Balbilla, eine Enkelin des Balbillus, Kaiser Hadrian nach Ägypten.

Nachdem eine Verschwörung zum Sturz des Kaisers aufgedeckt wurde, ließ Tiberius alle ›Chaldäer‹ ausweisen und verfügte ein Pauschalverbot astrologischer Bücher wie auch jeglicher Befragung von Astrologen. Man warf ihm, der als leidenschaftlicher Kenner der alten Sterndeutung galt, aber auch vor, in seiner Begeisterung für die Astrologie den Kult der heimischen Götter zu vernachlässigen. Seinen Astrologen Balbillus befragte er, wie es später auch Nero tut, nach Personen mit ›kaiserlicher Nativität‹ und ließ sie – den Anfängen gewissermaßen wehrend – umbringen.

Caligula soll sich über die Astrologie erhaben gefühlt haben. Als ihm jedoch der Astrologe Appolonius eine ungünstige Prognose für sein

27 Eine *gemma augustea*. Oben neben dem Kaiser sein astrologisches Symbol, der Ziegenfisch (Steinbock)

zukünftiges Leben stellte, holte er sicherheitshalber bei Sulla ein Gegengutachten ein. Sulla soll ihm seinen baldigen Tod prophezeit haben – und behielt recht damit, denn Caligula wurde im Zuge einer Verschwörung erstochen.

Nero, der schon in frühen Jahren von Claudius und seinem Glauben an die Astrologie beeinflußt wurde, war ein Eingeweihter des ursprünglich aus dem Iran kommenden und unter den römischen Legionären besonders beliebten soldatischen Mithras-Kults.

Diese Religion fußte auf einer Vielzahl von Astralmythen; so galt Mithras als *sol invictus,* als ›unbesiegbarer Sonnengott‹ und ›Herr der Konstellationen‹. Seine Mysterien besaßen eine Siebenerstruktur, entsprechend den sieben Planetenbahnen; eine achte Stufe verkörperte das Universum der Fixsterne.

Dieser Kult kannte z. B. ein dem christlichen Abendmahl verwandtes Ritualmahl mit ›Kommunion‹; seine Anhänger huldigten jeden Tag der entsprechenden Planetengottheit (und machten den Sonntag als Tag des Sonnengotts zum ersten Tag der Woche). Manch ein Mithras-Priester bezeichnete sich selbst als *studiosus astrologiae*.

Nero, der letzte legitime Nachfahre des Augustus und der julianisch-claudischen Dynastie, machte anläßlich der Unterwerfung des parthisch-armenischen Königs Tiridates im Jahre 66 seine Identifikation mit Mithras in aller Öffentlichkeit deutlich. Dabei bleibt unklar, ob er dies aus Gründen der Staatsraison oder aus eigener Überzeugung tat.

Die römischen Historiker wollen wissen, daß man bereits zu Neros Geburt allerlei Unglücksprognosen stellte, weil seine Geburtskonstellation dies nahegelegt habe. Man darf dabei jedoch nicht übersehen, daß solche Erklärungen gern *a posteriori* konstruiert werden und so eine historische Gestalt aus dem Blickwinkel des gegenwärtigen Betrachters entweder verklären oder, wie im Fall Neros, verunglimpfen. Es sei daran erinnert, daß der römische Senat unmittelbar nach Neros Tod eine sogenannte *damnatio memoriae* über den Verstorbenen verhängte. Diese besagte, daß Nero nicht mehr verehrt werden durfte und daß sein Name aus allen Inschriften entfernt werden mußte. So hat er bis heute nur bedingt eine sachlich-neutrale Würdigung erfahren, die nicht nur seine – unbestreitbaren – Greueltaten in den Vordergrund stellte, sondern auch seine tatsächlichen Verdienste anerkannte. Die Geschichtsschreibung kannte ihn lange Zeit nur als den bizarr wirkenden Zerstörer, der seine Hauptstadt in Brand gesetzt habe, um vor dem Hintergrund des Flammenmeers Musik zu machen – ein Mythos, der inzwischen von der Forschung als völlig haltlos entlarvt wurde.

Tatsache ist, daß Nero die Zerstörung der Stadt dazu nutzte, um Rom ein neues Gesicht zu geben. So ließ er einen gewaltigen Palast bauen, und seine städtebaulichen Verordnungen sorgten für Übersichtlichkeit und sichere Gebäudekonstruktionen. Tacitus berichtet, daß die kommunale Wasserversorgung der Willkür und Habgier der Privatleute entrissen und unter staatliche Aufsicht gestellt wurde. Die neuen Häuser durften keine gemeinsamen Wände mehr haben und mußten von Brandmauern umgeben sein; in den Vorhöfen mußten Feuerlöschgeräte aufgestellt werden.

Neros neuer Palast war als Lustpark von etwa 50 Hektar Bodenfläche geplant, ein bis dahin völlig ungekanntes, geradezu landschaftsmalerisches Konzept (üblicherweise besaßen die römischen Paläste eher städtischen Charakter). Aufgrund der üppigen Goldornamente in allen Räumen nannte man diesen Palast schon bald *Domus aurea* oder ›Goldenes Haus‹.

Im Ostflügel dieses Prunkbaus aber befand sich etwas, das Tacitus als »Bankettsaal ... [in] Form einer Rotunde, deren Kuppel sich wie das Weltall Tag und Nacht ständig drehte« beschrieb.[6] Die Archäologie hat lange gerätselt, was damit wohl gemeint gewesen sein könnte. Durch Ausgrabungen weiß man aber inzwischen, daß wir es mit einer Art kultischem Planetarium zu tun haben, in dem die anwesenden Gäste durch ein kompliziertes Röhrensystem mit Duftwassern besprengt werden konnten. Bewegliche Holztafeln zeigten die Sternbilder, die auf Rillen liefen und so die Bewegung des Firmaments simulierten – ein Meisterwerk der beiden Maschinenbauer Severus und Celer.

Stierlin schlägt am Beispiel dieses ›Planetariums‹ den Bogen zurück zum eingangs erwähnten Mithras-Kult, indem er die Hypothese aufstellt, daß der Saal nicht für gewöhnliche Festmahle, sondern für die feierliche Kommunion des Gott-Kaisers mit seinen ausgesuchten Gästen bestimmt war. Er schreibt dazu:

> »Im Rahmen eines Rituals, das zur Feier des *Cosmocrators* veranstaltet wird, präsentiert sich dieser inmitten seiner himmlischen Umgebung; die sternenbesäte Kuppel bewegt sich über ihm; er zeigt sich als Herr über das Wetter, indem er über den Anwesenden einen duftenden Regen versprühen läßt, was einer Taufzeremonie entspricht.«[7]

Stierlin räumt in seinem Buch aber auch die Möglichkeit ein, daß mit dem von antiken Autoren in diesem Zusammenhang gern zitierten ›Goldregen‹ auch »eine heilige Hochzeit, *hieros gamos*« gemeint sein könnte, »bei der die Verbindung von Himmel und Erde gefeiert« wurde. Ein Motiv, das wir aus verschiedenen Mythen kennen und das sich auch auf die Mysterien von Eleusis beziehen könnte.

Schon Neros Lehrer, der Stoiker Seneca, interessierte sich stark für die Astrologie und schrieb sowohl eine Abhandlung über das Problem des freien Willens und dessen Beziehung zum Horoskop als auch eine Studie über den Einfluß der Kometen. Den von seinen Vorgängern übernommenen Hofastrologen Balbillus machte der Kaiser im Jahre 55 zum Präfekten von Ägypten; hier wurde er sogar Rektor der Bibliothek von Alexandria, seiner Heimatstadt. Noch später avancierte er zum Protokollchef des Kaisers – eine kultische Funktion, für die er als Astrologe besonders gut geeignet schien.

Die Astrologie spielte in Neros Leben eine bedeutende Rolle. Schon seine Mutter Agrippina ließ sich bei ihren Plänen für die Inthronisierung ihres Sohnes von den beiden Astrologen Balbillus und Chairemon beraten. Sie war es auch, die Kaiser Claudius dazu bewegte, Nero zu adoptieren – wofür er später von ihr vergiftet wurde.

So geflissentlich Nero die Astrologie zur Sicherung seiner Macht bemühte, so gründlich bekämpfte er jeden Aristokraten, der sich ebenfalls dieser Wissenschaft der Schicksalsbefragung bediente. So genügte es, einem vornehmen Römer mit Hilfe eines Horoskops zu weissagen, daß er einst König werden könne, um ihn in Neros Augen als potentiellen Usurpator zum Tode zu verurteilen. Allerdings räumte Nero auch ohne astrologische Unterstützung jeden aus dem Weg, von dem ihm Gefahr zu drohen schien. Die Ordnung der Berechenbarkeit, die die Astrologie für sich in Anspruch nahm, imponierte den realistisch denkenden Römern, und Nero unternahm den Versuch, im Kaiserkult die Verehrung des Sonnengotts Mithras und die Astrologie zu vereinen.

Die *Domus flavia* des Domitian (81–96) stellt einen Höhepunkt der von astrologischen Elementen durchdrungenen Kaiserverehrung dar. Dieser Kaiser setzte sich mit Jupiter gleich und ließ den Prunksaal seines Palasts, die *aula regia,* entsprechend üppig gestalten. Über dem kaiserlichen Thron befand sich eine mit Sternenmotiven übersäte Kuppel: Der Thronsaal wurde zum Symbol des Universums, er stellte eine *imago mundi* dar. Stierlin führt aus, daß der Herrscher sich sowohl mit Gott identifizieren ließ als auch die Rolle des Obersten Richters übernahm:

> »Und tatsächlich sitzt der Kaiser in der *Aula regia* zu Gericht. Damit verschwindet der Unterschied zwischen dem von einem irdischen Herrscher gefällten Urteil und dem Schicksal oder der Vorsehung: Die Zeichen der Sterne, der Dolmetscher des göttlichen Willens, empfangend, erläßt der Gott-Kaiser unwidersprechliche Dekrete, die das theokratische System rechtfertigen, dessen lebendige Symbolfigur er ist.«[8]

1   Mittelalterliche Darstellung der Planisphäre des Ptolemäus (9.–10. Jhdt.) ▷

3   Der Sonnengott Apoll. Römisches Mosaik (1. Jhdt.)

2   Babylonische Alabasterstatue mit hellenistischem Einfluß, die Göttin Ishtar darstellend (3. Jhdt. v. Chr.)

Die personifizierten Planeten regieren die Tierkreiszeichen – noch heute geht man in der Astrologie vom Prinzip des ›Zeichenherrschers‹ aus. Französische Buchmalerei aus Bar-

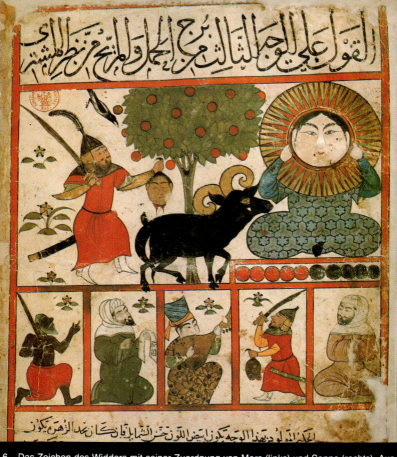

6 Das Zeichen des Widders mit seiner Zuordnung von Mars (links) und Sonne (rechts). Aus dem »Traktat über die Nativität«, das dem arabischen Astrologen Albumasar zugeschrieben wird (ca. 1250)

7 In dieser mittelalterlichen Illuminierung befindet sich der Astrologe inmitten eines kosmischen Wissensgefüges aus Berechnungen und Zuordnungen. Die durchgezogenen Linien stehen für die Aspekte, der äußere Kreis gibt die Tierkreiszeichen und ihre Beschreibung wieder.

8 Christus als geradezu heidnisch anmutender ›Sonnengott‹ inmitten des Tierkreises (9. Jhdt.)

13 Mittel- und spätmittelalterliche Darstellungen einiger Tierkreiszeichen; Waage (
Stier (10), Fische (11), Jungfrau (12), Schütze (13).

14/15 Zu den Polaritäten des Planetengefüges gehört auch die zwischen Saturn (14) und Sonne (15)

SOL

16 Auch die Astrologie geht mit der Zeit: Publikumsrenner Steckbroschen mit astrologischen Motiven

Das astrologische Instrument der Firmamentkuppel gehörte seitdem zu den Insignien kaiserlicher Macht, und auch das Hofritual folgte Vorgaben, die sich aus den alten Astralkulten ableiteten. Die Symbole räumlicher Herrschaft wurden auf diese Weise durch die Metaphern der Herrschaft über die Dimension der Zeit ergänzt, die Macht des Kaisers wurde entsprechend ausgeweitet.

Es ist sicherlich mehr als eine historische Kuriosität, daß sogar die Wagenrennen im *Circus maximus* eine kosmisch-astrologische Bedeutung hatten, stellten die Wagen doch die Sterne auf ihrer Umlaufbahn dar. So sind selbst Spiele und sportliche Veranstaltungen von astrologischer Symbolik durchdrungen, was dokumentiert, wie opportun es den römischen Herrschern erschien, ihre Macht auf die Autorität der Sterndeutung zu stützen.

Am Beispiel Domitians wird die zwiespältige Einstellung der Herrschenden und Mächtigen zur Astrologie deutlich. So besaß dieser römische Kaiser zwar einen Hofastrologen, ließ aber jeden zum Tode verurteilen, der das Horoskop des Kaisers erstellte, verbannte die Astrologen aus der Hauptstadt und schickte sie ins Exil.

Hadrian (76–138) stand der Astrologie insgesamt positiv gegenüber. Dennoch zog er es vor, seine eigenen Solare selber zu berechnen, um daraus Jahresprognosen zu stellen. Im Jahre 136 erkrankte er und schlug seinen Freund Aelius – vor seinen Blutsverwandten – zum Nachfolger vor, weil dessen Horoskop ihm am aussichtsreichsten erschien. Zwar starb Aelius kurz darauf eines (natürlichen) Todes, dennoch ließ sich der Kaiser durch diese Fehlprognose in seinem Glauben an die Gestirnkunst nicht erschüttern.

Septimius Severus (146–211), der erste Afrikaner auf dem römischen Thron, war ein großer Anhänger und Förderer der Sterndeutung. Er verehrte die karthagische Himmelsgöttin Tanit und die syrische Baale. In Rom ließ er das *Septizodium* erbauen, das den sieben Planetengöttern geweiht war. Zur Heirat mit der Syrerin Julia Domna, seiner zweiten Frau, soll sich der sternengläubige Witwer auf dem Thron vor allem deshalb entschieden haben, weil ihr Horoskop die Heirat mit einem König prophezeite. Julia wiederum, eine Tochter des Oberpriesters der Sonnengottheit Heliogabal in Emesa, erwies sich als große Förderin der Astrologie und umgab sich gleich mit einer ganzen Schar von Sterndeutern und Philosophen. Ihr gemeinsamer Sohn Caracalla ließ seinen Bruder Geta umbringen, weil er sich selbst für ›astrologisch allein disponiert‹ für das Kaiseramt hielt. Diese Meinung hinderte ihn jedoch nicht daran, das schon längere Zeit nicht mehr beachtete Edikt des Augustus aus dem Jahre 11 gegen den Astrologen Serapion anzuwenden, als dieser nicht nur den Tod des Kaisers, sondern darüber hinaus auch den Namen seines Nachfolgers prognostizierte.

Der Sonnenpriester Heliogabal (204–222) entstammte ebenfalls der Familie der Julia Domna; er ließ als Kaiser den Kult des syrischen Sonnengottes mit gewaltigem Pomp in Rom installieren. Auch sein Vetter und Nachfolger Alexander Severus (222–235) war der Sternenkunde zugetan. Er plante sogar die Errichtung einer staatlichen Lehranstalt für Astrologie in Rom. Sein Hausastrologe Thrasybulos prophezeite ihm, daß er durch das Schwert umkommen würde, und tatsächlich

28 Römische Bronzestatue der Mondgöttin, 1. Jhdt.

9 Hadrians Pantheon (Innenansicht). Das *Oculus* symbolisiert die Sonne, die fünf Kassettenreihen stellen die Planetenbahnen dar

wurde er in einem rheinischen Feldlager von meuternden Soldaten ermordet.

Der Ägypter Plotin (205–270), Begründer der neuplatonischen Schule, studierte in Alexandria. Im Jahre 242 zog er mit dem Soldatenkaiser Gordianus III. nach Persien, um schließlich 244 nach Rom zu kommen. Bis zum Jahr 268 lehrte er dort Philosophie. Er war ein entschiedener Gegner des astrologischen Fatalismus und wandte sich in seiner Schrift »*Ob die Sterne etwas bewirken*« gegen Ptolemäus und sein Postulat der Einwirkung der Gestirne durch die Qualitäten warm, kalt, feucht und trocken. Statt dessen glaubte er, in der Wirkung des

30 Dieser römische Globus diente zu astrologischen Zwecken (3.–5. Jhdt.)

Kosmos selbst den eigentlichen Mechanismus der Gestirnwirkung erkannt zu haben: Es ist der Kosmos, der ihre Konstellationen überhaupt hervorbringt, und als göttliche Wesen können die Gestirne keinen Schaden anrichten. Andererseits sind die Gestirne dem Menschen weder freundlich noch feindlich gesinnt. Sie können vielleicht Dinge anzeigen, nicht aber etwas auslösen oder gar verursachen. Etwaige Wirkkraft haben sie allenfalls auf den physischen Körper des Menschen und auf seine Triebe; sein Geist dagegen ist frei von ihrem Einfluß. Auf diese kompliziert anmutende Weise formulierte Plotin seine grundsätzliche Ablehnung der Astrologie – die seine Schüler aber nicht davon abhielt, ihrerseits immer wieder den Versuch zu unternehmen, die Astrologie in ihr philosophisches Weltbild zu integrieren.

Zu den zahlreichen Astralreligionen, die im spätzeitlichen Rom zusammen mit dem Christentum um die Gunst der Gläubigen kämpften, gehörten mit Ausnahme des schon beschriebenen Mithraskults auch der Mandäismus und der Manichäismus. Vor allem die Mandäer vertraten einen Sternenkult in Reinkultur, waren sie, die man auch die Ssabier nannte, doch die unmittelbaren Erben der babylonischen Astralreligion. Allerdings lebten sie vornehmlich in Syrien und im Harran, während der gnostisch-zoroastrische Manichäismus, dem der junge Augustinus von Hippo eine Weile angehörte, auch in der Hauptstadt wirkte. Der Manichäismus versuchte, eine Synthese zwischen dem Christentum und der iranischen Gestirnsreligion zu erreichen und vertrat einen radikalen Dualismus, der seinem Begründer Mani schließlich den Märtyrertod bescheren sollte.

In dem Streit zwischen Neuplatonikern und Gnostikern verfaßte der Syrer Jamblichus eine Replik auf die Attacken des Plotin und seines Schülers Porphyrios. Darin formulierte er unter anderem die Theorie von den zwei Seelen des Menschen, von denen die eine göttlich sei, die andere dagegen von den Sternen stamme. Durch das Horoskop oder die magische Theurgie bzw. den durch diese kontaktierten Eigendämon könne die letztere der Erlösung teilhaftig werden, da auch nur sie allein dem Lauf der Gestirne unterworfen sei. Konsequenterweise stellte sich Jamblichus als Freund der Mantik dar und machte aus der Astrologie wieder einen magisch-mantischen Gestirnkult.

Das Judentum stand der Astrologie sehr ablehnend gegenüber, was schon die Verbote im alten Testament belegen. Im dritten Jahrhundert, als die Juden zunehmend hellenistische Einflüsse aufnahmen, begann sich dies zu ändern. Im Mittelalter entstand mit der bedeutungsvollen jüdischen Geheimlehre der *Kabbala* ein auch auf astrologischen Elementen aufbauendes mystisch-magisches Gedankengerüst, das seither aus der Geschichte der abendländischen Geheimlehren nicht mehr wegzudenken ist. Allerdings gilt dies nach wie vor nicht für das streng orthodoxe Judentum, das seine Meinung in diesem Punkt bis heute nicht änderte.

Die Stellung des Christentums zur Astrologie wirkt schon sehr früh gespalten. Paulus und die ersten Kirchenväter stritten heftig wider den Astralfatalismus, der mit dem christlichen Primat des freien Willens und mit dem Erlösungsglauben nicht zu vereinbaren sei; Tertullian sah in den Planetengottheiten bloße Dämonen, also Teufel, die die Gläubigen nur vom rechten Pfad abbringen wollten. Andererseits war die Astrologie ein nicht zu unterschätzender Faktor im Volksglauben und, wie oben bereits erwähnt, in der römischen Staatsreligion.

All diese Einwände wurden immer wieder von antiken Autoren vorgebracht, und mit der Lehre von den – nicht zwingenden – Zeichen besaßen auch die Christen ein weltanschauliches Schlupfloch, das es ihnen ermöglichte, sich zu einer, freilich christianisierten Astrologie zu bekennen. Bis dahin sollte allerdings noch viel Zeit vergehen, und die Astrologie mußte erst einen beispiellosen Niedergang erfahren.

Schon das frühe Christentum übernahm eine ganze Reihe astrologischer Symbole, wenn auch nicht das ihnen zugrundeliegende Denkgebäude. Angefangen bei der Jungfrauengeburt und dem Stern der Weisen aus dem Morgenland (der drei Magi, worunter man einen sternkundigen Mederstamm verstand, der im Iran das Gros der Astrologen und Priester-Zauberer stellte) über die zwölf Apostel, den Kreuzestod, der Wiederauferstehung, den eindeutig astrologisch verbrämten Visionen der Apokalypse des Johannes von Patmos und der Lehre von den Weltzeitaltern bei Johannes dem Täufer finden wir eine Vielzahl astrologischer Stil- und Bildelemente (siehe Ft. 8). Dies alles hat einige Forscher zu der äußerst umstrittenen Behauptung veranlaßt, Jesus Christus sei keine historische Gestalt, sondern ein reiner Astralmythos gewesen.

Über den Stern der Weisen gibt es bis heute erregte Debatten. Man hat ihn als Komet erklärt, aber auch als sogenannte ›Große Konjunktion‹ zwischen Saturn und Jupiter. Solange die Astrologie eine urheidnische Domäne war, wurde sie vom Christentum aufs heftigste be-

31 Fußbodenmosaik aus der Zeit Justinians I. (518–527). Es zeigt den ›Tierkreis von Bet Alpha‹, entstanden in einer israelischen Synagoge, eine zwischen dem 4. und 5. Jhdt. relativ häufige Erscheinung

kämpft und verketzert. Zwar gab es gemäßigtere Betrachter der Sternenkunde unter den Kirchenvätern (wie z.B. Origines), doch wurden auch diese gern als Häretiker gebrandmarkt. Erst mit ihrer endgültigen Christianisierung wurde dieser Druck weitgehend von der Astrologie genommen. Bis heute ist sie jedoch, gerade aus theologischer Sicht, eine sehr umstrittene Disziplin geblieben.

Anfang des 4. Jahrhunderts erklärte Kaiser Konstantin das Christentum zur Staatsreligion und gründete die neue Hauptstadt Konstantinopel, das heutige Istanbul. Zu dieser Zeit hießen die Astrologen schon *mathematici*, verblaßte der Begriff ›Chaldäer‹ rasch. Konstantin befragte diese *mathematici* nach einem glückverheißenden Gründungsdatum der Hauptstadt und bekam den 26. November 326 genannt. Zu diesem Zeitpunkt erfolgte auch die Grundsteinlegung. Die Sonne stand im Schützen und der Aszendent im Krebs. Vier Jahre später wurde die Stadt feierlich eingeweiht.

Das einzige vollständig erhalten gebliebene lateinische Lehrbuch der Astrologie wurde unter diesem Kaiser (und unter der Herrschaft seines Sohns Constantius) verfaßt: Die »*Mathesis*« des sizilianischen Senators Firmicus Maternus.

Mit der zunehmenden Christianisierung des römischen Reiches und den damit einhergehenden Kultverboten für die alten heidnischen Religionen wuchs auch der Widerstand dagegen. Konstantins Vetter Julian, von seinen Gegnern *apostatus* oder ›der Abtrünnige‹ genannt, entsagte dem Christentum und versuchte, ein gräzisiert-neuplatonisches, von Mysterienkulten durchdrungenes Heidentum wiederherzustellen, woran ihn allerdings sein früher Tod hinderte. Kaiser Theodosius erließ erneut ein Verbot jeglicher Astrologie, konnte sich damit aber ebensowenig durchsetzen wie seine Vorgänger. (Stierlin und andere haben inzwischen die starken Bezüge zwischen byzantinischem Hofprotokoll und der planetaren Astralreligion nachgewiesen.)

Augustinus (354–430), der als Manichäer in jungen Jahren ein eifriger Anhänger der Astrologie war, beschimpfte die Sternenkunde als *fornicatio animae* und legte damit für lange Zeit zumindest die offizielle Kirchenmeinung zur Astrologie fest. Das 381 stattfindende Konzil von Laodicaea untersagte den Geistlichen, Astrologie zu betreiben, und das Konzil von Toledo definierte im Jahre 400 jeden Glauben an die Astrologie als Ketzerei. Verflucht wurden die Sternengläubigen auch auf dem Konzil von Braga (563). Der Freiraum für die Astrologie schrumpfte in den folgenden Jahren immer mehr, bis unter Justinian (nach der Schließung der Schule von Athen) allen Astrologen und Zauberern die Todesstrafe angedroht wurde. Die ständig zunehmenden Bücherverbrennungen taten ein übriges, um den Astrologen den weiteren Aufenthalt im römischen Reich zu verleiden, und so flohen sie scharenweise nach Persien, wo man sie willkommen hieß und wo sie in neu geschaffenen Kulturzentren Einfluß auf die indische und arabische Geisteswelt nahmen.

32 Speisen, in ›astrologischer‹ Reihenfolge serviert: Das »*Gastmahl des Trimalchio*«, hier in einer holländischen Illustration aus dem 18. Jhdt.

Natürlich blieb es nicht aus, daß die Astrologiewelle im Rom der Kaiserzeit auch Spötter auf den Plan rief. Satiriker wie Petronius, Lukillios und Juvenal machten sich oft und gern über den Sternglauben lustig. Im »Gastmahl des Trimalchio« (aus dem *»Satyricon«*) etwa bietet eine zwölfteilige Torte Anlaß zu astrologischen Fachsimpeleien. Aber auch bei anderen Gelegenheiten versuchte man, dem naiven Fatalismus vieler Anhänger der Astrologie entgegenzusteuern, indem man ihn ins Lächerliche zog.

An den zahlreichen Verfolgungen und den dazugehörigen Edikten im Rom der Antike wie auch der christlich-byzantinischen Zeit läßt sich unschwer erkennen, wie ernst man die Astrologie nahm, wie sehr sie aber auch als politische Waffe diente – und wie weit sie verbreitet war. Denn sowohl das Kaiserhaus als auch seine Gegner nutzten die Sterndeutung weidlich zu propagandistischen Zwecken – ein Phänomen, das uns bis zum Zweiten Weltkrieg immer wieder begegnen wird. Zahlreiche Verbote der kirchlichen Konzilien belegen, daß die Sterndeutung auch unter den Geistlichen (wie überhaupt unter den Gebildeten der Zeit) ein nur schwer ›auszurottendes‹ Gemeingut war.

Andere Kulturen:
China, Indien, Arabien, Altamerika

China

»Der Himmel läßt seine Bilder herabhängen, die Herrscher nehmen sie als Vorbild.«

(Konfuzius)

Für das alte China ist überliefert, daß der mythische Kaiser Yao um 2357 v. Chr. den ersten Kalender in Auftrag gegeben hat. Eine solche Herausgabe blieb bis zur chinesischen Revolution das ausschließliche Privileg des Kaisers; Nachahmungen wurden streng bestraft.

Inhaltlich unterschied sich ein solcher Kalender wesentlich von den heutigen Formen: Er enthielt eine Tagesmantik und war alles andere als nüchtern oder abstrakt. Das chinesische System arbeitete anfangs mit dem Mondjahr, das aus zwölf Mondmonaten bestand; man unterschied für die Mantik in 28 Mondstationen. Erst später erfolgte die Angleichung an das Sonnenjahr. Der kaiserliche Almanach bot Verhaltensratschläge beim Durchlauf des Mondes durch seine Stationen und gab Auskunft über Opferbräuche und über günstige bzw. ungünstige Tage. So galt der Mond in der siebten Station (dem ›Hasen‹) z. B. als glücklich für Hochzeiten und Begräbnisse, während er in der sechsten Station (dem ›Wolf‹) nur Unheil verkündete.

Im Jahre 2637 v. Chr. beginnt unter dem – ebenfalls mythischen – Kaiser Huang-ti die offizielle Zeitrechnung. Er gilt als Erfinder des 60jährigen Jupiterzyklus, nach dem die Jahre gezählt werden. Darüber hinaus gab es ein ›Ministerium der Zeit‹. Obwohl in China schon früh Planeten und Astralgötter verehrt wurden, setzte sich schließlich der Kult der Sonne und des Mondes allgemein durch. Dieser wurde vom ›Himmelssohn‹, dem Kaiser, persönlich zelebriert. Aufgabe der kaiser-

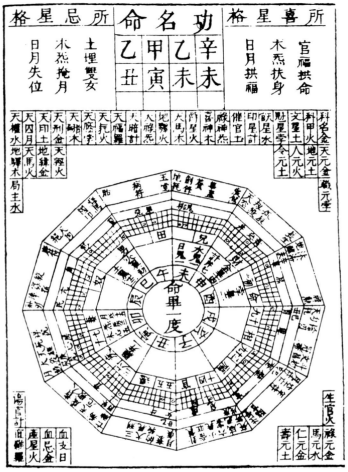

33 Chinesisches Musterhoroskop (14. Jhdt.). Der Begleittext nennt günstige und ungünstige Aspekte, astromedizinische Details, Sternbildnamen und Mondhäuser

lichen Astrologen war es, den Himmel sorgfältig zu beobachten und den Kaiser über Außergewöhnliches zu informieren, wozu beispielsweise auch verspätete Finsternisse gehörten.

Diese chinesische Hofastrologie war jedoch nicht autochthon und entwickelte sich erst durch babylonisch-persische Einflüsse. Als die Jesuiten im 17. Jahrhundert nach China kamen, begann die Hofastrologie, immer stärker westliche Züge anzunehmen. Im Volk war sie als eigene Disziplin zwar kaum verwurzelt, beeinflußte aber durch ihre Bildlichkeit und philosophischen Konzepte die volkstümlichen Praktiken.

Grundidee jeder chinesischen Philosophie war das ewige Wechselspiel zwischen Yin und Yang. Yin steht dabei für das Weibliche, Empfangende und Dunkle, für die Nacht und für das lunare Prinzip; Yang dagegen versinnbildlicht das Männliche und Gebende, das Lichte, den Tag und das solare Prinzip.

Der Mensch steht zwischen Himmel und Erde, und es ist seine Aufgabe, die Harmonie des Weltganzen zu fördern und zu erhalten. Er soll die inneren Zusammenhänge der Dinge erkennen und danach handeln. Die Lehre von den ›Korrespondenzen‹ oder Entsprechungen, die wir häufig auch in anderen Kulturkreisen finden, dient dazu als Hilfsmittel.

Ausgehend von der Überzeugung, daß alles mit allem in Verbindung steht (eine Auffassung, die in der antiken und nachmittelalterlichen Hermetik ihren Höhepunkt fand), setzte man Entsprechungslisten auf, die der Orientierung dienen sollten. Dabei stand im alten China die magische Zahl fünf im Vordergrund: Man unterschied in fünf Himmelsrichtungen und ging nur von fünf Planeten aus, weil Sonne und Mond eine Sonderstellung genossen. Wie eine solche Entsprechungsliste aussah, zeigt das untenstehende Beispiel:[9]

Planet	Element	Himmelsrichtung	Herrscher des Himmelsreiches	Sinn	Inneres Organ
Jupiter	Holz	Osten	Grüner Drache	Geruch	Milz
Mars	Feuer	Süden	Roter Vogel	Gesicht	Lunge
Saturn	Erde	Mitte	Gelber Erdherr	Gefühl	Herz
Venus	Metall	Westen	Weißer Tiger	Geschmack	Leber
Merkur	Wasser	Norden	Schwarzer Krieger	Gehör	Niere

Die Volksastrologie Chinas benutzte ein System der Deutung nach den acht Schriftzeichen. Dabei handelte es sich um je zwei Bildsymbole für das Jahr, den Monat, den Tag und die Doppelstunde, genauer: für die regierenden Zeitherrscher oder kosmischen Prinzipien.

Einer alten Legende zufolge wurden die Welt und die Menschen von den ›Fünf Alten‹ erschaffen, die jeweils für eines der Elemente und für einen Planeten standen: der gelbe Erdherr, der Holzfürst, die Metallmutter, der rote und der schwarze Herrscher. Jeder dieser Planeten konnte eine von zwei Qualitäten aufweisen, je nachdem ob er unter solarem Yang- oder lunarem Yin-Einfluß stand. Das ›Kia‹ ist beispielsweise das ›harte Holz‹ (Holz = Jupiter), also Yang. Das ›Yi‹ dagegen meint das ›grüne Holz‹ oder den Yin-Aspekt des Jupiters. Auf diese Weise ergaben sich insgesamt die ›zehn Himmelsäste‹, die ihrerseits untereinander bestimmte Verträglichkeiten und Unverträglichkeiten aufweisen. So fürchtet sich beispielsweise das lebende grüne Holz (Yi) vor dem Metall, liebt dafür aber das fließende Wasser (Kwei). Andererseits bevorzugt das harte Holz (Kia) das harte Metall (Keng), worunter man auch eine Säge oder eine Axt verstehen kann.

Auf diese kosmischen Grundprinzipien folgen die für das Alltagsleben des Menschen zuständigen ›zwölf Erdzweige‹. Sie sind nach Tieren benannt und stellen einen Zwölferzyklus dar: zwölf Jahre, zwölf Monate und zwölf Tagesdoppelstunden. Dieser Zyklus ist noch heute als ›asiatischer Tierkreis‹, der später mit dem hellenistischen Zodiak gleichgesetzt wurde, bekannt – was nicht darüber hinwegtäuschen darf, daß es sich um zwei grundsätzlich verschiedene Systeme handelt.

Das volkstümliche chinesische Horoskop betrachtet den Nativen zunächst unter dem Aspekt seines ›Jahresherrschers‹. 1990 schreiben wir beispielsweise das Jahr des Pferdes, das alle zwölf Jahre wiederkehrt. Man ordnet den einzelnen Jahren die himmlischen Elemente zu (beispielsweise das Jahr des Metall-Pferdes, Jahr des Wasser-Pferdes). Auch die Tage und Stunden unterliegen diesem mantischen System, das an das altägyptische erinnert.

Darüber hinaus wurde für astrologische Beratungen das Orakelbuch »*I Ging*« (Das Buch der Wandlungen) zu Rate gezogen. Seine Trigramme und Hexagramme setzte man in Beziehung zur jeweiligen Zeitqualität (besonders Jahres- und Tageszeiten), nutzte es also astrologisch.

Die zehn Himmelsäste		
1. Kia	(Yang-Jupiter)	Holz
2. Yi	(Yin-Jupiter)	Holz
3. Ping	(Yang-Mars)	Feuer
4. Tong	(Yin-Mars)	Feuer
5. Wu	(Yang-Saturn)	Erde
6. Ki	(Yin-Saturn)	Erde
7. Keng	(Yang-Venus)	Metall
8. Sing	(Yin-Venus)	Metall
9. Ning	(Yang-Merkur)	Wasser
10. Kwei	(Yin-Merkur)	Wasser

Die zwölf Erdzweige und ihre westlichen Entsprechungen	
1. Ratte	(Widder)
2. Büffel	(Stier)
3. Tiger	(Zwillinge)
4. Hase	(Krebs)
5. Drache	(Löwe)
6. Schlange	(Jungfrau)
7. Pferd	(Waage)
8. Ziege	(Skorpion)
9. Affe	(Schütze)
10. Hahn	(Steinbock)
11. Hund	(Wassermann)
12. Schwein	(Fische)

Eine derart komplexe Permutation verschiedener himmlischer und irdischer Faktoren ermöglicht natürlich eine größere Differenzierung, als man dies nach Lektüre einschlägiger Darstellungen in westlichen Boulevardblättern vermuten würde. Dennoch handelt es sich hierbei nicht um eine Astrologie im gewöhnlichen Sinn. Die Berechnung der Gestirnstände spielt keine wesentliche Rolle; das Horoskop wird zwar errechnet, der Bezug zum Sternenhimmel ist jedoch ein abstrakt-philosophischer. Das Symbol verdrängt die Beobachtung.

Da diese Entwicklung schon im alten Ägypten einsetzt, ist es legitim, von zwei verschiedenen Astrologien zu sprechen.

Indien

Wie die Astrologie Chinas hat auch die indische Sterndeutung ihren Ursprung in der Berührung mit der babylonischen und griechischen Kultur. Sie ist schon bald eigene Wege gegangen, um sich zu einer eigenständigen Disziplin zu entwickeln.

Die Entstehung der Astrallehre auf dem Subkontinent wird in graue Vorzeit zurückverlegt. So soll der Seher Garga die Astrologie im 2. Jahrhundert v. Chr. entwickelt und das Lehrbuch »*Garga Samhita*« verfaßt haben. Ziel seiner Astrologie war es, mittels astraler Kenntnisse den Einfluß böser Geister auszuschalten. Auch die Planetengeister und -kräfte sollten durch Sühneopfer beschwichtigt werden.

Abgesehen von frühen babylonisch-iranischen Einflüssen erhielt die indische Astrologie ihre entscheidenden Impulse aus dem hellenistischen Kulturraum Alexanders im Jahre 327 v. Chr., und schon bald fand ein reger Austausch statt, der nicht nur die astrologische Kultur prägen sollte.

Die älteste Form indischer Astrologie war sicherlich die Ausdeutung der (hier meist nur 27, gelegentlich aber auch 28) Mondstationen. Diese wurden später weitgehend in die Planetenastrologie integriert und gelangten über arabische Einflüsse auch ins Abendland.

Die Kosmogonien der Hindus hantieren mit schwindelerregenden Zeitvorstellungen, wie die Lehre von den Kalpas (Tage Brahmans) und Yugas (Weltzeitalter) zeigt: Ein Tag Brahmans umspannt 1000 Maha Yugas oder ›große Weltzeitalter‹. Jedes Maha Yuga setzt sich wiederum aus vier gewöhnlichen Yugas zusammen, die in absteigender Reihenfolge immer kürzer und ›unreiner‹ werden. So dauert das Goldene Zeitalter (*krita* oder *satya yuga*) noch 4800 Götterjahre, das Silberne Zeitalter (*tritā yuga*) 3600 Götterjahre, das Eherne Zeitalter (*dvāpara yuga*) 2400 Götterjahre und das Eiserne Zeitalter (*kali yuga*), in dem sich die Menschheit jetzt befindet, nur noch 1200 Götterjahre. Ein Götterjahr aber umfaßt 360 Menschenjahre, so daß allein unser gegenwärtiges Zeitalter stolze 432 000 Erdenjahre dauert.

Der wohl berühmteste klassische Astrologe Indiens dürfte Varāha Mihira gewesen sein, dessen genaues Geburtsjahr zwar nicht feststeht, von dem wir aber wissen, daß seine fruchtbarste Periode in die erste Hälfte des 6. Jahrhunderts n. Chr. fällt. Er lebte am Hofe des Königs

34 Altindischer Tierkreis. Im inneren Kreis die Sonne mit ihren Planeten (einschließlich Mondknoten)

Vikramaditya, der 544 n. Chr. den Thron bestieg. Etwa zwischen 540 und 560 stellte Varāha Mihira auf der Sternwarte von Uśdjaini Beobachtungen an, die reiche Früchte tragen sollten.

In seinem allerersten Werk, dem »*Karana Grahanam*«, widmete Mihira sich ausschließlich der Astronomie und faßte die vier zwischen 350 und 400 n. Chr. bekanntesten astronomischen Lehrbücher (die »*Siddhantas*«) zu diesem Fünfbuch zusammen, das deshalb noch heute als »*Pancasiddhanta*« (Fünf Siddhantas) bezeichnet wird.

35 Der indische Tierkreis nach Varāha Mihira mit seinen zahlreichen Unterteilungen. Fixsterne und herkömmliche Dekanate werden ebenso wie die ›yogas‹ aufgezeigt

Seine astrologischen Werke sind das »*Jātaka*«, »*Vivāhapata*«, die »*Yātra*« und die »*Samhita*«, wobei wir jeweils ein kleines und ein großes »*Jātaka*« beziehungsweise »*Vivāhapata*« kennen. Varāhas bekanntestes Werk ist das »*Brihat Jātaka*« (Großes *Jātaka*). Erwähnenswert sind seine stundenastrologischen Regeln für militärpolitische Zwecke, während das »*Vivāhapata*« sich mit der Stundenhoroskopie für den zivilen und rituellen Gebrauch befaßt.

Es wäre ermüdend, hier in allen Einzelheiten die zahllosen historischen und mythischen Vorläufer Varāha Mihiras aufzulisten, die allenfalls für Indologen von Belang sein dürften. Interessanter sind jedoch die Kriterien, die Mihira in der »Samhita« an einen Astrologen anlegt:

> »Ein Astrologe muß von guter Herkunft sein, ein angenehmes, freundliches Aussehen, einen ebenmäßigen Körper, edlen Wuchs und wohlgeformte Gliedmaßen haben, er darf nicht durch einen Körperfehler verunziert und seine Hände, Füße, Nägel, Augen, Zähne, Ohren, Augenbrauen, Stirn und Kinn müssen wohlgestaltet und schön proportioniert sein, überhaupt muß er eine gute Konstitution und eine helle, klare, wohlklingende Stimme besitzen, kurz, ein stattlicher Mann sein; denn in der Regel besteht ein Zusammenhang zwischen den guten und schlechten moralischen Eigenschaften eines Menschen und seinem Aussehen.
>
> Weiter wird von ihm Sittenstrenge, Wahrhaftigkeit, Edelmut, Schlagfertigkeit, Scharfsinn, Wissen, Milde und Güte verlangt, er darf weder aufgeregt noch boshaft sein und muß durch sein Wissen seine Studiengenossen überragen, damit er durch seine erfolgreiche Tätigkeit den Ruhm der Wissenschaft vermehrt. Er muß nicht allein befähigt, sondern auch frei von Lastern sein, die Sühneopfer kennen, Heilkunde und die weiße Magie beherrschen, fromm und gottesfürchtig leben, fasten und sich Bußübungen auferlegen. Er muß einen hervorragenden Geist besitzen, um in hinreichender Weise jede Frage beantworten zu können, ausgenommen in solchen Fällen, wo seinen Kenntnissen durch übernatürliche Einflüsse Grenzen gesetzt sind. Schließlich muß er sehr erfahren in Astronomie, Horoskopie und der natürlichen Astrologie sein.«[10]

Der Hofastrologe galt auch im alten Indien als Hauspriester des Königs. Er mußte nicht nur die Sterne, sondern auch die Zeichen der Natur lesen und deuten können – vom Vogelflug bis zur Traumsymbolik. In der Hierarchie kam er gleich hinter dem Feldmarschall, und in manchen Epochen wurde er jeweils für ein Jahr gewählt, trug aber die gleiche Verantwortung wie der König und mußte abdanken, wenn das Land von Hungersnot, Seuchen oder Überschwemmungen heimgesucht wurde. In Ausnahmefällen war es dem Astrologen gestattet, zugleich zwei Völkern oder Königen zu dienen, was seine Macht natürlich erheblich mehrte.

Der Fürst oder König, der über keinen Astrologen verfügte, war, wie Varāha Mihira in einem älteren Text zitiert, »wie die Nacht ohne Licht oder der Himmel ohne Sonne; wie ein Blinder irrt er umher.« Denn nur der Astrologe vermochte ins scheinbare Chaos der Stunden und Minuten, der Jahre und Epochen eine Ordnung einzubringen, und Mihira ging sogar so weit zu behaupten: »Keiner, der glücklich sein will, sollte in einer Gegend leben, wo es keine Sterndeuter gibt, denn der Astrologe ist das Auge des Landes, und wo er wohnt, geschieht kein Unheil.« So war dem astrologischen Könner, wenn er sich nur gewissenhaft und ehrlich verhielt, nach dem Tode die Erlösung vom Rad der Wiedergeburt gewiß.

Die griechischen Einflüsse auf Mihira sind deutlich zu erkennen, und doch ist seine Astrologie zugleich urindisch. Bekanntlich unterscheidet die indische Shankya-Philosophie in drei Aggregat- oder Grundzustände allen Seins, ähnlich den westlich- und arabisch-alchimistischen Prinzipien von Quecksilber, Schwefel und Salz. Jedem dieser Zustände, *Gunas* genannt, werden Planeten zugeordnet:

- **Sattva guna:** das lichte, reine, spirituell-geistige Prinzip wird beherrscht von Sonne, Mond und Jupiter.
- **Rajas guna:** das leidenschaftliche, dynamische und bewegliche Prinzip untersteht Merkur und Venus.
- **Tamas guna:** das dunkle, verhaftete, materielle Prinzip wird von Mars und Saturn regiert.

Die sieben Planeten und ihre indischen Bezeichnungen
1. Sonne – Surya (Rawi)
2. Mond – Chandra (Soma)
3. Merkur – Budhi
4. Venus – Shukri
5. Mars – Mangala (Lohita)
6. Jupiter – Brhaspati
7. Saturn – Shandi (Manda)

Zuordnungen erfolgten auch auf astromedizinischem, geographischem, politischem und magischem Gebiet. Außer den Wandelsternen nahm man die beiden Mondknoten hinzu, also den nördlichen, aufsteigenden (*rahu*, ›Drachenkopf‹) und den südlichen, absteigenden (*kethu*, ›Drachenschwanz‹) Schnittpunkt der Mondlaufbahn mit der Ekliptik, die wie gewöhnliche Planeten behandelt und gedeutet wurden.

Der Tierkreis selbst wurde der griechischen Astrologie entlehnt, allerdings mit einer Ausnahme: Der Steinbock verwandelte sich im indischen System in einen Delphin.

Nach der Übernahme griechischer und babylonischer Elemente entwickelte die indische Sterndeutung eine Vielzahl von Besonderheiten, von denen hier nur die wichtigsten aufgezählt werden sollen: Kastensystem, Reinkarnationslehre und das Prinzip der fünf Elemente (Erde, Wasser, Feuer, Luft und Äther) wurden in Deutung und Berechnung integriert; die 27 (gelegentlich auch 28) Mondstationen oder *nakṣastras*; verschiedene, den Laien sehr kompliziert anmutende Kategorien von Planetenkombinationen, die sogenannten *yogas*; eine Vielzahl von Planetenperioden und -unterperioden (*daśā* und *antardaśā*); eine mehrfache Unterteilung der Tierkreise in Abschnitte von 15° (*horā*), von $4^{2/7}$° (*saptāma*) und von 3° 20' (*navāmṣā*) oder von 2° 30' (*dvadasamsa*). Gelegentlich wurde auch eine Reihe zahlenspekulativer, imaginärer ›Planeten‹ (*upagrahas*) zu den sieben Wandelsternen und den beiden Mondknoten hinzugenommen.

Eine weitere Besonderheit, vor allem der heutigen indischen Astrologie, ist die Berücksichtigung der Präzession des Frühjahrspunkts und somit des tropischen (im Gegensatz zum siderischen) Zodiaks. Vereinfacht an einem Beispiel ausgedrückt, heißt das: Wer nach westlich-kleinasiatischem System im Zeichen Widder geboren ist, ist nach der Hauptrichtung indischer Sterndeutung tatsächlich ein Wassermann. Ähnliches wurde gelegentlich auch in der abendländischen Astrologie versucht (zum Beispiel mit der anthroposophischen Astrologie nach Rudolf Steiner), doch blieben solche Versuche meist Ausnahmen.

Aryabattha und Mihira waren die Hauptexponenten dieser tropischen Astrologie, aber es gab – und gibt auch noch heute – zahlreiche indische Astrologen, die den babylonischen, präzessionsunabhängigen siderischen Tierkreis bevorzugen. Der Abstand zwischen dem wan-

36 Ein chinesisch-indischer ›Tierkreismann‹: Zeuge für die häufige Vermischung indischer und chinesischer Astrologie im buddhistischen Kulturraum

dernden Frühlingspunkt zum Ausgangs-Fixstern *rewati* (*zeta piscium*), also der Längenunterschied zwischen den beiden Tierkreisen, wird als *ayanamśa* bezeichnet, und noch heute verstehen die meisten westlichen Astrologen unter indischer Sterndeutung nur die Ayanamśa-Astrologie. Der genaue Abstand ist allerdings sehr strittig, weil sich die verschiedenen Schulen nicht einig darüber sind, an welchem Ausgangspunkt sie beginnen sollen, da der Fixstern Rewati sich aufgelöst hat und seine genaue Position nicht mehr zu bestimmen ist.

Auch der Buddhismus übernahm gern die hinduistische Astrologie, ebenso die Jains. Oft kam es zu Vermischungen indischer und chinesischer Elemente, die beispielsweise in Tibet zu einer Symbiose und eigenständigen Weiterentwicklung führten. Durch das Eindringen der Araber und die Gründung eines islamischen Reichs auf indischem Boden fand eine weitere Vermischung indischer und fremder Elemente statt. Allerdings war der Einfluß Indiens auf die arabische Astrologie weitaus größer als umgekehrt. Dafür waren es arabische und persische Gelehrte, die in Indien immer mehr hellenistisches und byzantinisches Gedankengut einführten, wovon auch die Astrologie nicht unberührt blieb.

Die arabische Astrologie

Die Astrologie der Syrer, Araber, Türken, Mongolen, Juden und Perser wird in der Fachliteratur zumeist unter dem Oberbegriff ›arabisch‹ abgehandelt, weil diese Völker entweder islamische Herrscher hatten oder in arabischen Ländern lebten und in der Regel in arabischer Sprache schrieben.

Die gelehrte, also formalisierte arabische Astrologie umspannt etwa die Zeit von 750 bis 1550. Sie ist eine Mischung aus griechischen, syrischen, indischen, persischen und jüdischen Astrallehren, die auf die christlich-abendländische Astrologie vor allem in der Maurenzeit großen Einfluß nahm. In der vor-islamischen Zeit wurde die arabische Astrologie vor allem durch Polytheismus und Fetischismus gekennzeichnet; es überwogen babylonische und hellenistische Elemente. Der Astralkult der mandäischen, gnostisch beeinflußten Ssabier, einer im syrischen Raum lebenden Stammesgemeinschaft, brachte einige der bedeutendsten arabischen Astrologen hervor, wie z. B. Thabit den Kurra oder Al-Battani. So wurde der Begriff Ssabier zum Synonym für alle Gestirnsanbeter. Die ssabische Glaubensgemeinschaft sah in den sieben Planeten die ›Sammelbecken‹ der Kräfte oberster Geister, durch deren Vermittlung allein der Zugang zum Weltschöpfer erlangt werden konnte. Die Planeten galten als ›Väter‹ und die Elemente als ›Mütter‹; ersteren brachte man Opfer in eigenen Tempeln dar.

Schon in der Bibel galt die Anbetung von Sonne und Mond als frevelhaft, und auch Mohammed, der aus der monotheistischen Sekte der *Hanifen* (›die Reinen‹) stammte, machte dem astralen Polytheismus ein Ende. Er begründete mit seiner Offenbarungsschrift (dem Koran) die Weltreligion des Islam (wörtlich: ›Ergebung in den Willen Gottes‹). In Sure 81 allerdings, in der die heidnische Praktik angegriffen wird, überzählige weibliche Kinder lebendig zu begraben, werden die Planeten immer noch als Zeugen der Wahrhaftigkeit angerufen.

Der Islam betrachtete die Sterne als Anzeiger des (feststehenden) göttlichen Willens; astrologische Prognosen galten nicht als zwingend. Die Astronomie jedoch war von großer Bedeutung, weil nicht nur die Gebetsrichtung (gen Mekka) festgelegt war, sondern die Zeiten für die Gebetsstunden von den Jahreszeiten abhingen. So wurde die Astrologie von den Kalifen und muslimischen Fürsten gepflegt, ohne in Widerspruch zur Theologie zu geraten, solange sie die Menschen nicht zur Anbetung der Sterne und damit zum Polytheismus verleitete. In weiser Selbstbeschränkung pflegten arabische Astrologen ihre Vorhersagen mit dem Einwurf einzuschränken: »Allah aber ist allwissend!«

Die arabische Bezeichnung für Astrologie (*Ilm al akham al Nudschum*) bedeutet wörtlich ›Wissenschaft von den Beschlüssen der Gestirne‹. Man kannte die Elektion (*ikhtiyarat*) oder Stundenwahl, die Frageastrologie (*masa-il*) und die ›Revolutionslehre‹ von der Zyklik der Weltenjahre (*tawahil*), die sowohl die Mundan- als auch die Individualastrologie berührte.

In ihrer Grundstruktur ist die arabische Astrologie mit der hellenistischen fast identisch. Allerdings hat sie einige Elemente eingebracht, die später die primär hellenistisch geprägte abendländische Astrologie beeinflussen sollten. Dazu gehört die Lehre von den Himmelslosen, die man gelegentlich noch heute unter der Bezeichnung ›sensitive Punkte‹ in der Horoskop-Deutung berücksichtigt. Hinzu kamen die Mondstationen.

Wie bereits erwähnt, kannte man zwar auch in Indien diese Mondorte, doch arbeitete man dort meist mit 27 Stationen. Der Gebrauch von 28 Stationen war die Ausnahme, die in der arabischen Astrologie jedoch zur Regel wurde. Bereits ein Astrologe wie Albumasar äußerte sich dahingehend, daß sie spekulativen Charakter hätten und nicht auf tatsächlicher Himmelsbeobachtung beruhten. Auch die Fixsternastrologie ist in ihrer heutigen Form ein Erbe der Araber, von denen auch viele unserer heutigen Fixsternnamen (Aldebaran, Rigel usw.) stammen.

Auswirkungen auf die Astrologie hatte auch die arabische Hochkultur. Durch die Entwicklung des Dezimalsystems, der Algebra und der Trigonometrie wurde die Horoskop-Berechnung nicht nur wesentlich vereinfacht, sie wurde auch exakter und differenzierter. Erst jetzt waren komplexere Häuserberechnungen möglich, und auch die für die Prognostik so wichtige Direktionsastrologie verdankt ihre wesentlichen Impulse der arabischen Sterndeutung. Abgerundet wurde diese Entwicklung durch die Konstruktion raffinierter Astrolabien, an denen Häuserspitzen und Direktionspunkte sofort abgelesen werden konnten.

Eine herausragende Rolle hatte die magische Astrologie jener Zeit. Sie befaßte sich nicht nur mit der Beschwörung von Planeten- und Elementargeistern, sondern trieb auch die arabische Talismantik zur Blüte. Philosophen und Zauberer wie Thabit ben Kurrah und Al Kindi (der ein Werk mit dem Titel »*Theorie der Zauberei oder über die Sternstrahlen*« verfaßte) sahen darin den Höhepunkt jeder astrologischen Kunst. Ihre Theorien und Begründungen haben bis zur praktischen Magie unserer Tage nichts an Wirksamkeit eingebüßt. Große Bedeutung für die Astrologie des Mittelalters hatte auch das arabische Zauberbuch »*Picatrix*«.

Ein jüdisches Element, das Einfluß auf die arabische Astrologie nahm, war die Geheimlehre der Kabbala. Sie unterteilt sich in verschiedene Richtungen, von denen die wichtigsten sich mit der Mystik der Zahlen und Buchstaben befassen, die auch in Beziehung zur Astralsymbolik und zur Planetenmagie gesetzt werden.

Bei der kabbalistischen Astrologie handelt es sich um ein System der Buchstaben- und Zahlenpermutation, mit dem aus dem Namen des Nativen und den jeweils herrschenden Stunden-, Monats- und Jahres-

37 Das Zeichen des Schützen, Mond *(links)* und Jupiter *(rechts)* zugeordnet. *Untere Reihe:* die Planeten Saturn, Mond, Jupiter, Mars und Merkur. Aus dem *»Traktat über die Nativität«*, das Albumasar zugeschrieben wird (ca. 1250)

regenten ein Horoskop errechnet wird. Diese Methode erinnert an die ägyptische Tagesmantik und die indische Mondstationenastrologie. Jüdische Gelehrte wie Ibn Gabirol und der Hofastrologe König Manuels von Portugal, Abraham Zacuto, galten in dieser Disziplin als die führenden Köpfe. Sie beeinflußten zahlreiche arabische Astrologen, die ihrerseits versuchten, kabbalistische Prinzipien auf das arabische Alphabet anzuwenden und sie zur Herstellung von Amuletten, Talismanen und magischen Quadraten zu nutzen.

Eine arabische Vorliebe war auch die Vermischung von Astrologie und Punktierkunst (Geomantie). Bei dieser Form der Schicksalsbefragung wurde zunächst eine willkürliche Anzahl von Punkten in den Sand gestochen. Diese wurden dann gezählt und in permutierte Symbole umgerechnet, deren Bedeutung festgelegt war. Die Symbole trug man in ein astrologisches Häusergerüst ein und deutete sie entsprechend. Diese Form der Geomantie (es gibt noch eine andere, die sich mit der Beschaffenheit von Landschaften, dem Einfluß feinstofflicher Kräftelinien im Erdreich und geographischer Strukturgefüge beschäftigt) verbreitete sich sehr schnell in Europa, Afrika und Indien. Al Zahali bezeichnete die Punktierkunst als ›Sandwissenschaft‹ (*Ilm al rami*). So entstand eine ›irdische Sterndeutung‹ (*astrologia terrestris*), die auf jede Himmelsbeobachtung verzichtete. Zu ihren begeisterten Anhängern sollte später auch August II. von Sachsen gehören.

Die von den Arabern propagierten Theorien über die Bedeutung großer Konjunktionen (einem im Durchschnitt alle 20 Jahre stattfindenden Zusammentreffen von Jupiter und Saturn) für das Entstehen und den Niedergang ganzer Weltreiche und -religionen wurden von der abendländischen Astrologie mit Eifer aufgenommen. Sie sollen laut Auskunft arabischer Sterndeuter persischen Ursprungs sein. Manche jüdischen Astrologen versuchten sich sogar daran, mit Hilfe der großen Konjunktionen die Ankunft des Messias zu errechnen.

Die Zahl der großen arabischen Astrologen dieser Epoche ist Legion: Al Kindi (Abu Yussuf ibn Ishak al Kindi), Albumasar (Abu Mashar Djafer ben Omar al Balkhu), Ibn al Washiyya, Thabit ben Kurrah al Harrani, Albohali (Abu Ali Jakub ibn al Kayar), Rhazes (Abu Bekr Mohammed ben Zakariya al Razi), Albategnius (Abu Abdallah Mohammed ben Djabir al Battani), Abul Kasim, Albubater (Abu Bekr al Hassan ben Ali Kharib al Farsi), Ibn Yunus (Abu Ali Hassan ben abd al Rahman al Misri), Achmed al Imrani, Alhazen (Abu Ali al Hassan ibn al Haitham), Alcabitius (Abd el Aziz ben Ali al Kabisi), Haly Abenragel (Abul Hassan Ali ibn Abir Ridschal) oder Abesna (Abraham ben Meir ibn Esra). Die meisten dieser Autoren waren zugleich Astronomen, Mediziner, Naturforscher, Physiker oder Enzyklopädisten – eben Universalgelehrte.

Es gab jedoch auch zahlreiche Gegner. Der Aristoteliker Avicenna (Abu Ali al Hoseim ibn Sina) beispielsweise tat Astrologen pauschal als ›Schurken‹ ab und äußerte Zweifel daran, daß das »*Tetrabiblos*« tatsächlich von Ptolemäus verfaßt worden sei. Der Astronom Arzachel (Al Zarkali) sprach vom ›Aberglauben‹ der Astrologie.

Ein weiterer Kritiker war der bekannte Averroes (Abu Walid Muhammed ibn Achmed ibn Mohammed ibn Roschd), der wie Avicenna ein Vertreter der aristotelischen Schule war und die Lehre von der doppelten Wahrheit begründete. Diese Lehre besagte, daß die Philosophie für den gebildeten Menschen die eigentliche Religion darstelle, dem Volk aber der Aberglauben gelassen werden müsse.

Gegen die Astrologie sprach sich auch der jüdische Philosoph Maimonides (Rabbi Meir) von Cordoba aus, der die Auffassung vertrat, daß der Mensch gar nicht fähig sei, das Wesen der Himmelskörper zu erfassen. Die Sterne, so wurde zugestanden, beeinflußten zwar die irdische Welt, ließen jedoch keinerlei Fatalismus zu, da der Schöpfer dem Menschen den freien Willen geschenkt habe.

Auch wenn die Gegner der arabischen Astrologie sie nicht abschaffen konnten, verlor sie gegen Ende der Blütezeit der islamischen Kultur doch an geistiger und philosophischer Kraft. Als letzter gelehrter Astrologe gilt Muhammed ben Achmed al Dachri, der um 1550 astrologische Traktate verfaßte, ohne jedoch der arabischen Sterndeutung zu neuen Höhenflügen verhelfen zu können. Um so stärker war dafür ihr Einfluß auf die Astrologie der christlichen Welt.

Altamerika

Die Astrologie der altamerikanischen Kulturen (Azteken, Mayas, Inkas) weist erstaunliche Parallelen zur Sterndeutung und Tagewählerei Ägyptens, Chinas und Indiens auf. Deshalb muß man von einer

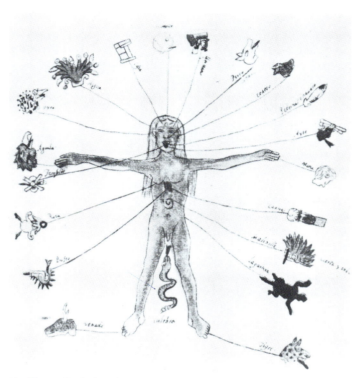

38 Ein mexikanischer ›Aderlaßmann‹ (15. Jhdt.) – die Vorstellung von engen Zusammenhängen zwischen Gestirnen und menschlichem Organismus ist international

starken Beeinflussung Altamerikas durch Asien ausgehen. Wenngleich es kleinere Unterschiede zwischen ihren Systemen gibt, sind die Übereinstimmungen zwischen den Lehren der Azteken und der Mayas doch so groß, daß es gerechtfertigt ist, von einem einheitlichen System zu sprechen.

Der Sonnengott wurde polar gesehen: Als Huitzlipochtli (auch: Huizilopochtli) verkörperte er das lebensspendende, fruchtbare Prinzip. Als Tezcatlipoca war er das verdörrende, unfruchtbare Prinzip. Dem Mond- und Windgott Quetzalcoatl, der oft als gefiederte Schlange dargestellt wurde, haben die altamerikanischen Völker die Wissenschaften, die Schrift, die Sternkunde und den Kalender zu verdanken. Ganz ähnlich hatte übrigens schon der ibisköpfige ägyptische Thot (Tahuti), ursprünglich ebenfalls ein Mondgott, seinem Volk dieses Wissen beschert. Auch die Venus besaß (als Morgen- und Abendstern) zwei Gestalten: In ihrer Manifestation als Xoquiquetzal war sie die Göttin der Liebe und der Schönheit; als Tlazolteotl dagegen war sie die Göttin der Tempelprostitution und des Schmucks.

Das Universum teilte man in Himmel, Erde und Unterwelt. Die Oberwelt gliederte sich in 13 Regionen, denen 13 Tagstunden entsprachen. Die Unterwelt kannte neun Regionen zu neun Nachtstunden. Jeder Region und jeder Stunde stand ein eigener Herrscher vor.

Nach altmexikanischer Auffassung hat die Erde bereits vier Weltalter gesehen, die durch präkosmische Sonnen bezeichnet werden: Wassersonne, Jaguarsonne, Feuerregensonne und Windsonne. Gegenwärtig befindet sie sich im fünften Weltalter, dem der Erdbebensonne. Zu Anfang orientierte sich die Zeitmessung jedoch nach der synodischen Umlaufzeit des Mondes (29½ Tage).

Kurios ist die große Bedeutung der Zahl 13, die in der altmexikanischen Zeitrechnung eine herausragende Rolle spielte: Der Mondkalender bestand aus 20 mal 13, also 260 Tagen. Zur Angleichung an das Sonnenjahr gab es darüber hinaus einen Sonnenkalender aus 20 mal 18 Tagen; zu ihm gehörten fünf ›Überschußtage‹. Das Sonnenjahr umfaßte 18 Monate zu 20 Tagen. Die Zahl 13 ergibt sich aus der Bemessung der durchschnittlichen Dauer einer Schwangerschaft, die mit 260 Tagen berechnet wurde. (Das Zahlensystem basierte auf der Zahl der Finger und Zehen, also auf 20. Teilte man die 260 Schwangerschaftstage durch diese 20, erhielt man 13.)

Die altamerikanische Kalenderdeutung (von einer Astrologie im eigentlichen Sinne kann man hier ebensowenig sprechen wie im alten Ägypten) beruhte auf dem *»Tonalamatl«* oder »Buch der guten und bösen Tage«; die Tageszeichendeuter hießen *Tonalpuhque*. Insofern haben wir es hier nicht mit einer Beobachtung der Gestirne, sondern mit Tageslosen zu tun, die wir bereits im dritten Kapitel kennengelernt haben.

Hauptfaktoren dieser Astrologie sind die 20 Tageszeichen, die Regenten der 13 Wochen des Mondkalenders, die 18 Monatspatrone

39 Aztekischer Kalenderstein

und die mit Zahlen bezeichneten Tage des Sonnenkalenders, ferner die Herren der vier Jahresviertel und die Regenten der 13 Tages- und neun Nachtstunden. Man unterschied in sogenannte ›Hütten‹ zu je 13 Häusern, die nach verschiedenen Symbolinhalten benannt wurden, etwa Krokodil, Wind, Haus, Eidechse, Schlange, Tod, Hirsch, Kaninchen, Wasser, Hund, Affe, Strohseil, Rohr, Jaguar, Adler, Geier, Bewegung, Feuerstein, Regen oder Blume.

Auf dieser Permutationssystematik aufbauend, entwickelten die präkolumbischen Kulturen eine ungeheuer komplexe Tagesmantik, die jedoch keineswegs fatalistisch aufgefaßt wurde: Durch entsprechend tugendhaftes Verhalten und durch Opfer konnte auch ein unheilbringender Tag zum Guten gewendet werden. Umgekehrt konnte falsches Verhalten einen guten Tag in sein Gegenteil verkehren. Der freie Wille galt also als vorherrschender Faktor.

Im Vordergrund der altamerikanischen Astrologie stand die Orakelauskunft für Unternehmungen aller Art; daneben spielte das Geburtsorakel eine große Rolle. Die Tagesprognosen schilderten alle nur erdenklichen Glücks- und Unglücksfälle und folgten der sozialen Hierarchie: Erst wurden die Prognosen für die vornehmen Menschen gestellt, dann für das gemeine Volk und zum Schluß die Prognosen für die Frauen und die weiblichen Geburten. Man bediente sich mit Vorliebe einer Deutungsscheibe, die in konzentrischen Ringen den 52-Jahres-Kalender, die Tageszeichen, die 18 Monatsfeste und die Regenten der Tages- und Nachtstunden wiedergab.

Die Astrologie des Mittelalters

Nach dem Untergang des römischen Reichs geriet auch die Astrologie – zusammen mit den meisten antiken Autoren – für eine Weile in Vergessenheit. Inwieweit die germanischen, keltischen und slawischen Völker der vorchristlichen Zeit tatsächlich über astrologische Kenntnisse verfügten, ist zweifelhaft, die zahlreichen Steinkreise und Felszeichnungen legen jedoch in Zusammenhang mit Berichten römischer Autoren wie Caesar und Tacitus die Vermutung nahe, daß sie zumindest eine Verehrung astraler Gottheiten pflegten.

Am Hofe des ostgotischen Herrschers Theoderich des Großen (453–526) bemühte sich Boethius um die Übersetzung griechischer Philosophen und gab bis zu seiner Hinrichtung die Inhalte abendländischer Bildung weiter. Bischof Isidor von Sevilla (560–636) wirkte in ähnlicher Funktion im Westgotenreich. Wenngleich er die Nativitätsastrologie als heidnischen Aberglauben ablehnte, achtete er doch die Mundan-, die meteorologische und die medizinische Astrologie und forderte, daß ein Arzt auf jeden Fall auch sternenkundig zu sein hätte. Vor allem in den Klosterschulen wurde die Gestirnkunst unterrichtet, deshalb fand sie ihren Eingang in die Werke der Kalendermacher. Sie formulierten mit ihrer Hilfe nun Wetter- und astromedizinische Jahresprognosen.

Bis zur intensiven Auseinandersetzung mit der griechischen und arabischen Geisteswelt sollte jedoch noch viel Zeit vergehen. Die vergleichsweise armselige Astrologie, die fast ausschließlich auf das Handbuch des in früherem Zusammenhang bereits erwähnten Firmicus Maternus und auf vereinzelte Texte der griechischen Volksastrologie zurückgriff, erlangte erst spät ein mit früheren Epochen vergleichbares Niveau. Fruchtbar wird in diesem Zusammenhang das Gedankengut des Geistlichen Gerbert von Aurillac. Zunächst Erzbischof von Reims, wurde er später Papst Sylvester II; mit ihm bestieg ein Astrologe den

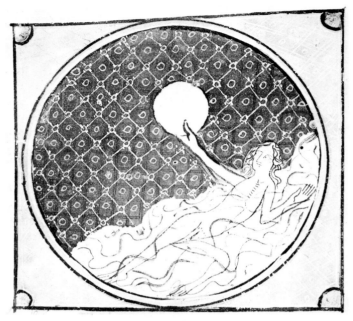

40 Diese in ihrer Flüchtigkeit fast modern anmutende Darstellung aus dem Mittelalter zeigt allegorisch den Planeten Venus

Thron Petri. Wie zur damaligen Zeit üblich, versuchte auch Gerbert von Aurillac die ›naturwissenschaftliche‹, ›natürliche‹ Astrologie vom ›Aberglauben‹ der Geburtshoroskopie abzugrenzen.

Aus der einflußreichen Schule von Chartres ging der Theologe Abelard (ca. 1100–1140) hervor, der die offizielle Lehrmeinung der Kirche zur Astrologie formulierte, die für mehrere Jahrhunderte Geltung haben sollte. Die Abkehr von den anti-astrologischen Tiraden eines Augustinus und anderer Kirchenväter war zwar schon lange vollzogen, aber das Problem der Spannung zwischen Determinismus und Glauben an den freien Willen des Menschen (der ja zu seiner Erlösung nach christlicher Auffassung unabdingbar ist) blieb unverändert bestehen. Abelard gelangte zu der Auffassung, daß die Astrologie zwar die *naturalia* beherrschen könne, d. h. alle unabänderlichen Naturfaktoren und natürlichen Ursachen, jedoch scheitern muß im Bereich der *contingentia*, d. h. in allen Dingen, die unmittelbar vom Willen Gottes und dem freien Willen des Menschen abhängen, wie auch vom Zufall.

Allgemein setzten um diese Zeit astrologische Spekulationen ein, in die auch christlich-chiliastische Elemente einflossen, beispielsweise astrologisch begründete Zeitaltertheorien (die ›Wiederkehr Christi‹, das möglicherweise kurz bevorstehende Jüngste Gericht und andere Endzeitvisionen spielten eine bedeutende Rolle im geistigen Leben dieser Epoche), Spekulationen über Entstehung und Niedergang der Weltreligionen und ähnliches mehr. Besonders das ›Zeitalter des Heiligen Geistes‹ und eine neue Kirche, die sich auf ihre wahren Grundlagen rückbesann, hatten es den Visionären und Utopisten unter den Astro-

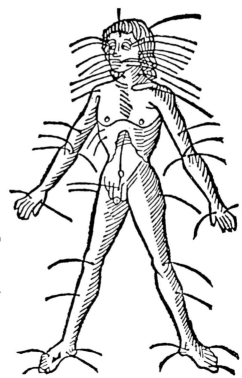

41 Das Aderlassen, eine der wichtigsten therapeutischen Methoden des Mittelalters, fand oft unter Berücksichtigung astrologischer Faktoren statt. Dieser ›Aderlaßmann‹ stammt aus Heinrich Louffenbergs »Versehung des Leibs«, Augsburg 1491

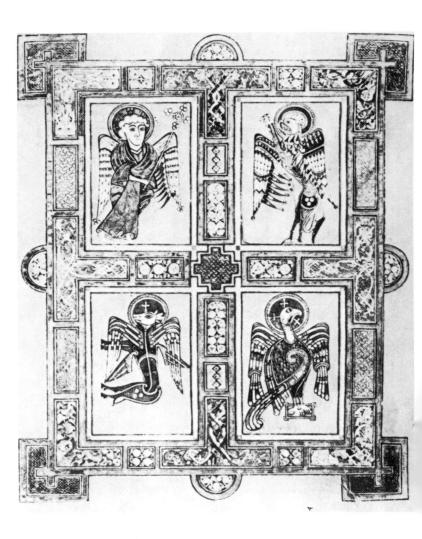

42 Das keltische »Book of Kells« bringt schon um 800 die vier Evangelisten, auf die Apokalypse zurückgreifend, mit astrologischer Symbolik in Verbindung, indem es sie zu Stellvertretern des kardinalen Zodiakkreuzes macht

logen angetan. Es ist allerdings eher zutreffend, der Astrologie die Funktion einer ›Hilfswissenschaft‹ der Theologie zuzusprechen, wenn auch auf völlig andere Weise als z. B. in Babylon oder Rom.

Mit der Entdeckung der arabischen Astrologie begann man auch die überwiegend durch arabische Autoren vermittelten Inhalte zu rezipieren und die ins Griechische übertragenen Schriften zurückzuübersetzen. Immer wieder machten die Schriften christlicher Kommentatoren deutlich, daß der Glaube an den freien Willen des Menschen absoluten Vorrang haben müsse vor jeglichem Astralfatalismus. Um 1150 verfaßte Bernhard von Tours sein *»Megacosmos et microcosmos«*, ein Werk, das stark vom Neuplatonismus beeinflußt ist und als bedeutendste Darstellung der mittelalterlichen Astrologie gilt.

Wurde die Philosophie lange Zeit als Dienerin der Theologie angesehen, so wurde sie mit der Scholastik immer stärker aufgewertet, zog sogar schon bald mit ihr gleich. Man berief sich vor allem auf Aristoteles und interpretierte ihn dem Zeitgeist entsprechend. Ein besonders herausragender Vertreter der Astrologie-Kommentatoren war Albertus Magnus. Er sah in den Sternen die Werkzeuge des göttlichen Willens. Kollektivereignisse und -schicksale wie Seuchen und Kriege ließen sich seiner Meinung nach zwar am Lauf der Gestirne vorhersagen, nicht aber individuelle Schicksale. Denn der Mensch, der seine Triebe zügelt, entzieht sich durch den freien Willen dem Zugriff der reinen Natur, für die die Sterne allein zuständig sind.

Thomas von Aquin (1225–1274), ein Schüler Alberts, beschäftigte sich in seiner *»Summa theologiae«* mit der Astromantik. Grundsätzlich bejahte er die Möglichkeit, aus den Bewegungen der Himmelskörper Vorhersagen abzuleiten, allerdings nur innerhalb sehr eng gesetzter Grenzen. (Im 20. Jahrhundert sollte der deutsche Astrologe Thomas Ring den Begriff der ›Aussagegrenze‹ erneut in die Astrologie einführen.) Was entweder dem reinen Zufall oder dem freien Willen des Menschen und seiner Vernunft unterworfen war, konnte nach Meinung Thomas von Aquins nicht vorhergesehen werden – so erteilte er der Deutung individueller Geburtshoroskope eine klare Absage. Als körperliche Werkzeuge ohne eigene geistige Natur könnten die Sterne auch nur auf das Körperliche des Menschen (Leib und organische Kräfte bzw. Triebe) Einfluß nehmen; der freie Wille ließe sich durch sie allenfalls indirekt über ihre Wirkung auf die stoffliche Ebene lenken.

43 Ausdruck christianisierter Astrologie: Gottvater bewacht das ptolemäische System der Sphären, Häuser, Tierkreiszeichen und Planeten. Titelholzschnitt von Georg Peurbach zum »*Nativitätskalender*« des Leonhard Reymann (1515)

Unübersehbar bemühten sich die führenden geistigen Köpfe jener Zeit vor allem um eine ›Reinigung‹ der Astrologie. Die bloße Laien- und Jahrmarktsastrologie lehnten sie als ›exekrable Praktik‹ ab und lehrten, daß die Sterndeutung eine auf empirischer Beobachtung beruhende Naturwissenschaft sei, die man im Rahmen ihrer Grenzen und Beschränkungen auf jeden Fall ernst nehmen müsse. Zwar gab es immer wieder Vertreter eines astralen Determinismus, die sich vor allem an der Pariser Sorbonne sammelten, doch waren sich die meisten Astrologie-Theoretiker darin einig, daß der freie Wille an erster Stelle stehen müsse. Auf der Suche nach immer sichereren Methoden zur

44 Aus der altägyptischen Sonnenbarke wird schon in antiker Zeit der Sonnenwagen – ein Motiv, das sich auch im mittelalterlichen Christentum findet, wie etwa auf diesem Wandteppich aus dem 12. Jhdt. in der Kathedrale von Gerona (Spanien)

Erlangung eines Optimums an Naturerkenntnis bot sich der Scholastik die alte, wenngleich im Kern eigentlich heidnische Astralmantik als Studienobjekt geradezu an.

Dieses Phänomen läßt sich international beobachten: in Spanien, wo man König Alfons X. (1221–1285) von Kastilien wegen seiner leidenschaftlichen Förderung der Astrologie den Beinamen ›Astrologus‹ verlieh, und wo Toledo nach dem Maureneinfall zu einem geistigen Zentrum Europas und damit auch zum Mittelpunkt der Astrologie-Debatte wurde; in Italien, wo der Stauferkaiser Friedrich II. (1194–1250) an seinem Hof zu Palermo der – arabisch beeinflußten – Astrologie zu einer neuen Blütezeit verhalf; in Frankreich, wo König Karl V. (der Weise, 1364–1388) die Astrologie nach Kräften förderte und zu Paris sogar ein eigenes Forschungsinstitut für Astrologie stiftete; in England, wo die Astrologie vor allem empirisch-pragmatisch gehandhabt wurde und ihren Niederschlag in Almanachen und Kalendarien fand (wo sich aber auch Gelehrte wie Roger Bacon und Wilhelm von Occam, der den berühmten ›Rasiermessersatz‹ formulierte, immer wieder mit der Astrologie auseinandersetzten); und schließlich in Deutschland, wo sich Hildegard von Bingen (1098–1173) als große Naturforscherin profilierte. Sie lehnte zwar die Nativitätsastrologie ab, verfaßte dafür aber einige noch heute vielgelesene Werke über die Wirkung der Pflanzen und Edelsteine und über den Einfluß des Mondes auf den Menschen und sprach sich für die ›natürliche Astrologie‹ aus.

Alfons X. gab die Übersetzung zahlreicher arabischer Werke ins Kastilische und Lateinische in Auftrag und ließ eigene, verbesserte Ephemeriden anfertigen. Sehr modern wirkte sein Edikt, in dem er die gewerbliche Sterndeutung nur solchen Personen gestattete, die eine vollständige astronomische Ausbildung nachweisen konnten. Unter seiner Herrschaft genoß die Astrologie sogar einen Exklusivschutz, denn alle anderen mantischen Disziplinen wurden strikt verboten.

Zu einem der führenden Astromediziner und -theoretiker entwickelte sich Raimund Lullus, der einen ebenso großen Ruf als Arzt, Theologe und Philosoph genoß.

Begabte Menschen wie z. B. Michael Scotus lehrten am Stauferhof die heute sehr jungianisch anmutende Auffassung, daß die Sterne nicht aus eigener Kraft wirken, sondern Ereignisse und Entwicklungen vielmehr bloß anzeigen. Später erwarb sich Bonatus große Verdienste um

45 Claudius Ptolemäus beherrschte viele Jahrhunderte lang das abendländische Weltbild. So verherrlichte man ihn häufig auf Abbildungen, wie auf diesem Holzschnitt aus Georg Reichs »*Margarita philosophica*« (1503/1504)

die Astrologie. Dafür wurden beide von Dante (1265–1321) in die Hölle seiner *»Göttlichen Komödie«* verbannt, woraus man lange Zeit den Schluß zog, Dante wäre dezidierter Gegner der Astrologie gewesen. Nach neuesten Forschungen ist dies jedoch wesentlich differenzierter zu betrachten; es hat sich gezeigt, daß die *»Göttliche Komödie«* mit hoher Wahrscheinlichkeit nach astrologischen Prinzipien aufgebaut wurde. Zudem stellte der Dichterfürst in seinem *»Gastmahl«* ein vollständiges astrologisches System vor.

Der Mathematiker Campanus (eigentlich: Giovanni Campani) entwickelte ein eigenes astrologisches Häusersystem, das noch bis ins 20. Jahrhundert benutzt wird. (In keiner besseren Astrologie-Software darf heute die Möglichkeit der Felderberechnung nach Campanus fehlen.) Und der Arzt und Astrologe Pietro di Abano verfaßte einige astromagische Werke, darunter das *»Heptameron«* (Sieben-Buch), das aufgrund seiner Übersicht über die Regenten der täglichen Planetenstunden und ihrer Dämonien von großer Bedeutung ist. In seinem *»Astrolabium planum«* gab Campanus eine vollständige Grad- und Dekanatsmantik wieder.

Der 1350 geborene Kanzler der Sorbonne, Petrus Alliacus, widmete sich mit Vorliebe der astrologischen Geschichtsspekulation und dem Horoskop Christi. Berühmt geworden ist seine Prophezeiung, in der er für das Jahr 1789 (das Jahr der Französischen Revolution) große, welterschütternde Veränderungen voraussagte.

Auf teilweise sehr heftigen Widerstand stieß in der Gelehrtenwelt auch die Schule von Montpellier, die sich bevorzugt mit der Astromedizin befaßte.

Das wohl älteste deutsche Horoskop, das uns überliefert wurde, ist die Nativität des Herzogs Friedrich von Schwaben, des zweiten Sohns von Kaiser Friedrich I. Barbarossa. Der Herzog wurde am 16. Juli 1164 in der dritten Tagesstunde zu Pavia geboren. Darüber hinaus ist eine Vielzahl astrologischer Schriften und Fundstellen in der schöngeistigen Literatur bekannt, in denen die Astrologie thematisiert wird. In der *»Parzival«*-Fassung des Wolfram von Eschenbach wird sie als Menschheitserbe seit Adams Zeiten bezeichnet, und auch die Gralslegende wird mit christlich verbrämter Naturastrologie in Beziehung gesetzt.

Um das Jahr 1270 verfaßte der Österreicher Leopold sein Grundlagenwerk *»Compilatio de astrorum scientiae«*, das erstmals 1489 in

46 ›Tierkreismann‹ aus dem Stundenbuch des Herzogs von Berry (1416) – Ausdruck der keineswegs nur symbolisch verstandenen Einheit von Mensch und Kosmos

47 Leopold von Österreich kompilierte 1326 diese Tierkreisbilder

Venedig gedruckt wurde. Es ist ein veritables Handbuch für den Astrologen, das fast alles enthält, was zur Ausübung dieser Kunst nötig ist.

Abschließend sollen einige stichwortartige Hinweise auf die weitere astrologische Entwicklung genügen, um den Rahmen dieses Buches nicht zu sprengen. Kurz erwähnt sei deshalb die deutsche Mystik, die sich schon bald der sieben Planetenprinzipien annahm und sie christianisierte, ferner der Topos der ›Planetenkinder‹ (Hauber), der sich durch die deutsche Dichtung des 14. Jahrhunderts zieht; erwähnenswert sind auch die zahllosen Almanache und Kalender astrologischen Inhalts, die von astrologischen Empfehlungen auf dem Gebiet des Ackerbaus bis zur Medizin förmlich überquellen.

Zusammengefaßt muß gesagt werden, daß die Grundlagen für den eigentlichen Siegeszug der Astrologie von der Renaissance bis in die Barockzeit im Mittelalter gelegt wurden. Hatte sie bereits in Babylon, Ägypten, Griechenland und Rom beträchtliche Triumphe feiern dürfen, so stellen ihre Erfolge in der nun einsetzenden Epoche alles bisher Dagewesene in den Schatten. Eine Voraussetzung dafür sind sicherlich die geistigen Werte des Humanismus.

Hoch-Zeit der Astrologie:
Von der Renaissance bis zum Barock

Für die Geschichte der Astrologie war die Erfindung der Buchdruckerkunst von entscheidender Bedeutung; durch sie war den Philosophen und Theologen ein Instrumentarium verfügbar, ihr Gedankengut binnen kürzester Zeit in alle Welt zu verbreiten und ihre Dispute immer internationaler werden zu lassen.

Im Spannungsfeld der Auseinandersetzung zwischen Platonikern und Aristotelikern gewann die Astrologie – in heutiger Terminologie – zunehmend psychologische Züge. In »*De vita triplica*« beschäftigte sich Ficinus (1433–1499) unter anderem damit, wie ein vom Saturn beeinflußter Mensch zu leben hatte. Der freie Wille stand dabei im Vordergrund und ließ die Möglichkeit sich zu entscheiden, die positiven oder negativen Seiten der Planetenkräfte auszuleben.

Diese platonische Ansicht erscheint sehr modern, und man begegnet ihr auch in den Werken unserer zeitgenössischen astrologischen Autoren immer wieder, wenn auch häufig eingebettet in die Begrifflichkeit der jungianischen Tiefenpsychologie.

Der Aristoteliker Pietro Pomponazzi (1462–1524) ging in seinem Denken noch sehr viel weiter und wandte sich gegen jeglichen Geisterglauben, der die Sterne als beseelte, vernunftbegabte Wesen sah, die man konsequenterweise auch beschwören und manipulieren könnte, wie es der Zeremonialmagier versuchte. Nach Knappich waren die Gestirne für Pomponazzi »nicht bloß Anzeiger des göttlichen Willens, sondern dessen echte und unentbehrliche Mittelursachen«. Nicht Geister und Dämonen wirken auf den Menschen ein, »selbst Gott kann nur durch die Gestirne wirken. (...) So macht Pomponazzi die *astrologische Kausalität zur Bedingung der Begreiflichkeit der Natur.* Sie allein kann uns aus dem uferlosen Wunder- und Teufelsglauben retten und die Gültigkeit der Naturgesetze verbürgen«[11].

48 Neuhermetische Lehren und okkulter Eklektizismus erlebten von der Renaissance bis zum Ende des Barock einen gewaltigen Aufschwung. Die Astrologie wurde immer komplizierter. Abbildung aus dem »*Oedipus aegyptiacus*« des Athanasius Kircher (1653)

Aber auch die grundsätzlichen Gegner der Sterndeutung traten mit vermehrter Wucht und Heftigkeit auf den Plan, allen voran Pico della Mirandola, der der Astrologie jede empirische Grundlage absprach und sie kurzerhand zum lächerlichen Aberglauben erklärte.

Einer der großen Namen dieser Zeit ist der heute noch hochgeschätzte Agrippa von Nettesheim (1486–1535). Als Kompilator und Systematiker faßte er in seinem Hauptwerk »*De occulta philosophia*« die hermetischen Geheimlehren zusammen, wozu auch die praktische

Astromagie gehörte, der er ein ganzes Buch seiner mehrbändigen Schrift widmete.

Zusammen mit Agrippa wird auch Theophrastus Bombastus von Hohenheim (1493–1541) genannt – bekannter unter seinem selbstgewählten Namen Paracelsus –, auf den sich noch heute die Homöopathie beruft. Vermischt mit alchimistischem Gedankengut, postulierte er beim Menschen unter anderem die Existenz eines siderischen Körpers,

49 Theophrastus Bombastus von Hohenheim, genannt Paracelsus – Arzt, Magier, Alchimist und Astrologe

der ganz unmittelbar von den Sternen beeinflußt wird. Im 19. Jahrhundert soll die Begründerin der Theosophie, Helena Petrovna Blavatsky, diesen Strang wieder aufnehmen und die Theorie vom Astralleib verbreiten, die noch heute eine der Grundlagen esoterischen Denkens darstellt. Die astrologischen Prinzipien, z. B. die Planeten, entsprächen innerseelischen Faktoren, so daß auch Paracelsus jeden Astralfatalismus ablehnte. Zwar ging er davon aus, daß die Gestirne auf den siderischen Leib des Menschen wirkten, meinte aber, daß dieser durch seine Imagination wiederum die Sterne beeinflussen könnte.

Der protestantische Theologe Philip Melanchthon (1496–1565) stand der Astrologie sehr wohlwollend gegenüber. Er zeichnete sogar für die Herausgabe des ptolemäischen *»Tetrabiblos«* verantwortlich und war ein Vertreter der physikalischen Einflußtheorie, derzufolge die Gestirne auf Dinge wie Lebewesen einwirkten.

Auch die Reformatoren, einschließlich Martin Luthers (1483–1546), und ihre Gegner bedienten sich astrologischer Propaganda. Luther bezog das von Johann Lichtenberger für den 25. November 1484 gestellte Horoskop mit der großen Konjunktion von Jupiter und Saturn, in dem dieser einen neuen, ›kleinen‹ Propheten prognostizierte, der eine kirchliche und soziale Reformation in die Wege leiten würde, auf sich selbst und gab die Schrift, versehen mit einem eigenen Vorwort, persönlich heraus. Auf katholischer Seite berief man sich auf dieselbe Prognose und sah in Luther den in jenem Horoskop ebenfalls erwähnten ›falschen‹ Propheten. In den folgenden Jahren gab es immer wieder Streit um dieses Horoskop; man fälschte die Daten auf beiden Seiten, und der Reformator selbst gelangte nach anfänglichem Liebäugeln mit der Sternenkunde zu einer streng abweisenden Haltung. Calvin hingegen war zwar ein radikaler Verfechter des Determinismus, lehnte aber die Astrologie als ›teuflisch‹ ab.

Lang ist die Reihe der Gelehrten und Forscher, die sich, teils als Gegner, teils als ihre Verfechter, mit der Astrologie auseinandersetzten, deshalb sei hier nur eine Auswahl der wichtigsten genannt.

Christoph Kolumbus (1451–1506) war eng mit astrologischen Lehren vertraut und beherzigte sie auch: Aus einer Merkur-Jupiter-Konstellation schloß er auf einen starken Sturm und warnte den Statthalter von San Domingo, Orlando, vor dem Auslaufen. Dieser ignorierte jedoch seine Warnung und verlor in Folge 20 Schiffe. Kolumbus dagegen wartete ab und rettete seine vier Schiffe. (Auch andere Entdecker und Abenteurer wie Heinrich der Seefahrer, Magellan und Hernando Cortez ließen sich – mit unterschiedlichem Erfolg – vor ihren großen Seereisen astrologisch beraten.)

Pico della Mirandola (1463–1494), Fürst von Concordia, wollte die Vereinbarkeit von kirchlichem Dogma und kabbalistisch-hermetischen Geheimlehren öffentlich an der platonischen Medici-Akademie von Florenz beweisen. Da ihm dies von Papst Innozenz VIII. verboten wurde, beschloß er, Parteigänger Savonarolas zu werden. Nachdem ihm drei Astrologen prophezeit hatten, das 33. Lebensjahr nicht zu überleben, wurde er (wie Savonarola) zu einem erbitterten Gegner der Sterndeutung und verfaßte ein voluminöses Traktat gegen die Astrolo-

50 »*Der Mensch dringt durch den Erdenhimmel in neue Welträume vor*« (Deutscher Holzschnitt aus dem 16. Jhdt.) – vielleicht eine Anspielung auf die ›Kopernikanische Wende‹ vom geo- zum heliozentrischen Weltbild

51 Horoskop von Elisabeth I. Die Monarchin ließ sich von dem berühmten Mathematiker, Nekromanten, Alchimisten und Astrologen John Dee beraten

gie. Mirandola starb jedoch kurz vor der Drucklegung im Alter von 31¾ Jahren.

Nikolaus Kopernikus (1473–1543) erschütterte zwar mit seinen Theorien das geozentrische Weltbild, blieb aber bis zu seinem Tod von der Wahrheit der Astrologie überzeugt. Die plumpe Nativitätsstellerei verabscheute er allerdings sein Leben lang.

Wenig Beachtung hat in den bisherigen Astrologiedarstellungen der englische Mathematiker, Astronom, Nautiker, Philosoph, Alchimist, Magier und Astrologe John Dee (1527–1608) gefunden, obwohl er zeitweise als Berater von Elisabeth I. tätig war und Gustav Meyrinck ihm seinen wohl größten Roman *(»Der Engel vom westlichen Fenster«)* gewidmet hat. Dee galt als einer der gelehrtesten und belesensten Köpfe seiner Zeit, verfaßte unter anderem ein Grundlagenwerk der Nautik, das über 100 Jahre lang von der englischen Seefahrt benutzt wurde. Der Astrologie war er treu ergeben, besonders hatten es ihm jedoch die kabbalistisch-hermetischen Geheimlehren und die Nekromantie angetan.

Giordano Bruno (1548–1600) rebellierte gegen das gesamte physikalische, theologische und philosophische Weltbild seiner Zeit. Er definierte sich als Verfechter des heliozentrischen Weltbildes, lehnte die Astrologie radikal ab, hielt er sie doch für ein Mittel zur Knechtung der Menschheit. Aufgrund seiner unorthodoxen theologischen Ansichten endete er auf dem Scheiterhaufen der Inquisition.

Kaiser Rudolf II. (1552–1612) verlegte seinen Regierungssitz von Wien nach Prag und unterhielt dort einen wahren ›Alchimistenhof‹ mit Magiern, Astrologen, Alchimisten, Geistersehern und Mantikern aller Art. Der oben erwähnte John Dee durfte dem Kaiser alchimistische Experimente vorführen, während Johannes Kepler ihm bis zu seinem Tod Horoskope stellen mußte.

Francis Bacon (1561–1626) betrachtete die Astrologie mit wohlwollender Skepsis: Sie sei zwar voller Aberglauben, man solle sie jedoch nicht völlig verwerfen, sondern vielmehr reinigen.

Galileo Galilei (1564–1642) verhalf der heliozentrischen Lehre des Kopernikus zum Durchbruch. Zu Lebzeiten wurde er jedoch gezwungen, dieser ›Irrlehre‹ abzuschwören.

Tommaso Campanella (1568–1639) vertrat die Auffassung, daß jeder Planet seine eigene Astrologie besitze. Für den Menschen seien nur die beiden Lichter Sonne und Mond von Belang.

Johannes Kepler (1571–1630), vor allem als Astronom bekannt, formulierte die Keplerschen Gesetze zur Berechnung der Planetenbahnen und stieß damit in beiden christlichen Lagern auf starken Widerstand. Kepler war Anhänger der Astrologie, wenngleich er sie von ihrem physikalischen Überbau befreien wollte, um sie als reine Zeichendeutung verstanden zu wissen. Berühmt wurden seine Wallenstein-Horoskope.

Der Engländer Robert Fludd (1574–1637) wurde im Zusammenhang mit dem Rosenkreuzertum bekannt, dessen glühendster Verfechter er war. Seine astrologischen Betrachtungen waren vornehmlich vom magischen Denken des Mittelalters geprägt.

Jakob I. von England (1603–1625) galt als Feind der Astrologie, auch wenn er eine »*Daemonomagia*«, die ihn als ausgesprochenen Freund der Nekromantie auswies, verfaßte.

Unter den Päpsten fand die Astrologie gleichermaßen Gönner und Feinde. Pius II. hielt große Stücke auf die Prognosen des Astrologen

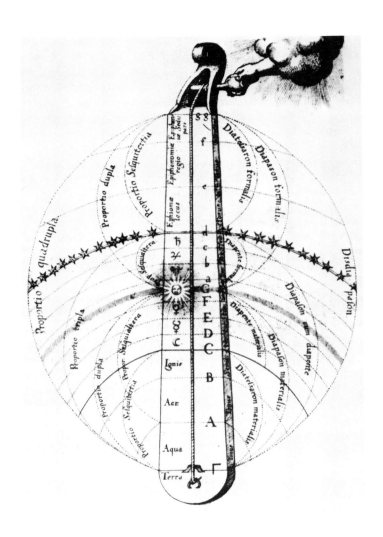

52 Suche nach ›endgültigen Naturgesetzen‹ eines als kosmisches Uhrwerk gesehenen Universums. Der englische Astrologe Robert Fludd stellte die Welt in seinem 1617 erschienenen »*Utriusque cosmi historia*« als Monochord dar

Blasius von Cremona, Paul II. pries ebenfalls die astrologischen Vorhersagen. Sixtus VI. ließ sich – ebenso wie der Borgiapapst Alexander VI. – günstige Termine für Empfänge und öffentliche Auftritte von eigens dazu beamteten Astrologen berechnen; Julius II. wollte Astrologie mit Religion und Philosophie vereinen, während Leo X. nicht nur an der päpstlichen Universität einen Lehrstuhl für Astrologie einrichtete, sondern dem Astrologen Augustinus Nifo sogar gestattete, das Hauswappen der Medici zu führen. Paul III., der selber Astrologie studiert hatte, überhäufte später die Astrologen mit Würden und Geld.

Doch mit der zunehmenden Spaltung der Kirche wurde auch für die Astrologie das Klima immer kälter. So entschied die Indexkommission des Jahres 1563, sämtliche Werke über Mantik, Magie und Astrologie zu verbieten und als ketzerisch zu ächten. Dieses Verbot galt jedoch nicht für die Astromedizin und für astrologische Wetterprognosen, da man diesen eine gewisse Nützlichkeit zubilligte.

Das Verbot brachte allerdings nicht das erwartete Ergebnis, und so mußte es Papst Sixtus V. im Jahre 1586 in einer eigenen Bulle erneut aussprechen. Auch Urban VIII. sah sich 1631 dazu veranlaßt, mit einer Bulle das Verbot zu bekräftigen.

Während man in manchen katholischen Ländern schon für das bloße Verfassen eines astrologischen Kalenders mit Kirchenbann belegt wurde, blieben die Professoren an manchen italienischen Universitäten z. B. nach wie vor dazu verpflichtet, jährlich ein astrologisches Kalendarium einschließlich Vorhersagen zu veröffentlichen. Zu stark war der Einfluß astrologischer Lehren in der Geisteswelt dieser Epoche.

Auf der praktischen Ebene erfuhr die Astrologie zwar keine grundlegende Veränderung mehr, die über die Zeit des Hellenismus hinausgegangen wäre, dafür bescherten ihr aber die mathematischen und trigonometrischen Entwicklungen dieser Zeit, beispielsweise die nun aufkommenden Logarithmentafeln und neue Berechnungsmethoden aus der sphärischen Trigonometrie, ein verfeinertes Handwerkszeug. Die Ephemeriden wurden immer genauer, und weitere Häusersysteme, wie das des Regiomontanus, kamen hinzu. Die Gestirnstandstabellen dienten aber nicht allein den Astrologen, sie spielten auch eine bedeutende Rolle für die Nautik. Das erste im Buchdruckverfahren veröffentlichte Tabellenwerk waren die Ephemeriden des Regiomonta-

53 Bestimmte Planetenkonjunktionen wurden in der alten Astrologie häufig für Naturkatastrophen, Seuchen usw. verantwortlich gemacht, so auch hier in der *»Practica«* des Virdung von Haßfurth; die Abbildung bezieht sich auf die ›Goldene Konjunktion‹ von 1524

nus, die für die Jahre 1474 bis 1505 galten und auch von Kolumbus und Vasco da Gama verwendet wurden.

Darüber hinaus befaßte sich die Astrologie nach wie vor mit politischen Prognosen, mit Wettervorhersagen und Landwirtschaft, mit medizinischen Ratschlägen und mit Geschichtsspekulationen, wobei letztere immer wieder um die mögliche Bestimmung des Termins für das Jüngste Gericht kreisten.

Am berühmtesten dürften die Prophezeiungen des Astrologen Michael Nostradamus (1503–1566) geworden sein, die bis heute ihre Aktualität nicht verloren haben.

Die Grenzen zwischen der beobachtenden prognostischen und magischen Astrologie sind fließend, wie auch der Bereich der Astromedizin, die – von Autoritäten wie Agrippa und Paracelsus propagiert – auf antike Prinzipien und Heilmethoden zurückgriff, sich aber auch Amuletten, Talismanen und Zauberformeln nicht verschloß.

Auch die Kunst und die Architektur blieben von der Astrologie nicht unberührt. Raffael fertigte astrologische Malereien in den vatikanischen Gemächern an; der Bau des 1489 von Malano geschaffenen Palazzo Strozzi wurde astrologisch terminiert; der Sommerpalast des Chigi zeigt dessen eigenes Horoskop an der Decke. Ähnliches finden wir in der Alten Sakristei von San Lorenzo (Florenz) sowie an zahlreichen anderen Orten Italiens.

So schuf beispielsweise Giotto im Salone von Padua astrologische Fresken mit einer Darstellung der alten, hellenistischen Gradmantik, und auch der Dogenpalast von Venedig sowie die Kathedralen von Florenz und Rimini sind mit astrologischen Motiven geschmückt worden.

Knappich weist nach, daß auch das »*Letzte Abendmahl*« von Leonardo da Vinci astrologisch beeinflußt wurde. Christus soll die Sonne darstellen und die zwölf Apostel die Tierkreiszeichen, dies alles in vier Dreiergruppen angeordnet, den Jahreszeiten, Trigonen und Temperamenten entsprechend.

Albrecht Dürer mußte für Kaiser Maximilian I. seine »*Melancolia I*« malen, mit der er die Saturnfürchtigkeit des Kaisers bekämpfen sollte. Das Bild zeigt unter anderem ein magisches Quadrat des Jupiters (nicht, wie Knappich schreibt, des Saturns), was seine talismantische Funktion unterstreicht. Auch der Sohn des Kaisers, Maximilian II., war ein großer Förderer der Astrologie.

54 Von Albrecht Dürer stammt diese Himmelskarte mit dem Tierkreis und seinen Graden

55 Ebenfalls von Albrecht Dürer: »Melancolia I« (1514) – eine Studie der Beschaulichkeit ▷
des saturnischen Lebens

Schmähliches Ende:
Der Niedergang der Astrologie bis zum 19. Jahrhundert

Die im letzten Kapitel beschriebene Hoch-Zeit der Astrologie reichte bis zur Mitte des 17. Jahrhunderts. Von da an gab ein anderer Geist im Abendland den Ton an. Galilei, Kepler und Newton setzten die neue Himmelsmechanik durch, Descartes prägte das neue Denken und ebnete den Weg für den Rationalismus, so daß nicht mehr viel Platz für hermetische Spekulationen und mittelalterliche, auf der Magie fußende Weltbilder blieb. Die geistliche *qualitas* wich als Bestimmungswert der Wirklichkeit der neuentdeckten, mechanistisch-rationalen *quantitas;* die Analyse löste die Synthese ab.

An den meisten europäischen Universitäten wurden die Lehrstühle für Astrologie abgeschafft, und die Astronomie trat ihre – vorläufig endgültige – Herrschaft an. Doch noch einmal, ein letztes Mal, lebte die altehrwürdige Gestirnkunst auf: Zwei der wichtigsten astrologischen Standardwerke aller Zeiten erschienen noch um 1660 – die 26bändige *»Astrologia gallica«* von Jean-Baptiste Morin (Morinus) und die *»Physiomathematica sive coelestis philosophia«* des Placidus de Titis. Letzterer sollte zu einem der einflußreichsten Astrologen der Geschichte werden. Noch immer ist sein Häusersystem das meistverwendete der Welt, und in den angelsächsischen Ländern wird er »noch heute als Vater der modernen Horoskoptechnik betrachtet«, wie Knappich schreibt.[12]

Placidus bemühte sich um eine physikalische Erklärung der Gestirnseinflüsse, gepaart mit atemberaubend komplizierten mathematischen Proportions-Spekulationen. Sie hatten das Ziel, die greifbare Realität astrologischer Faktoren zu begründen. Placidus wendete sich deshalb gegen jede geometrisch-abstrakte Erklärung und suchte ausschließlich in der physikalischen Funktion des Lichts und der Planetenbewegung nach den Ursachen. Die Rechenanleitungen, die er seinen Häusertabellen beiheftete und mit zahlreichen Horoskop-Beispielen illustrierte,

56 Placidus de Titis (1608–1668), einer der einflußreichsten Astrologen aller Zeiten

galten als so vorbildlich, daß man sie zur ›Methode Placidus‹ formulierte.

Jean-Baptiste Morin aus Villefranche war ein Arzt und Mathematiker, der in späteren Jahren als Professor einem Ruf an das *Collège de France* folgte. Er diente am Hofe verschiedener Herrscher und fungierte als astrologischer Berater solch erlauchter königlicher Häupter wie Maria von Frankreich, Maria Luise von Polen und Christine von Schweden. Auch Richelieu und Mazarin nahmen seine Dienste gern in Anspruch. Morins »*Astrologia gallica*« ist ein enzyklopädisches Mammutwerk im Foliantenformat, in dem er der Geschichte der Astrologie minutiös nachspürt und dabei auch die gängigsten Beweise sowie die Einwände gegen die Gestirnkunst untersucht. Auch er war ein Vertreter der Einflußtheorie, die sich meist auf siderische Kräfte berief, die das irdische Geschehen lenken. Morin stützte sich auf die geometrischen Überlegungen des Regiomontanus und verwarf die astrologischen Thesen Keplers. Neu war bei ihm, daß er mit beispielloser Systematik die Faktoren aufreihte, die zur Deutung eines Horoskops erforderlich sind. Die Zuordnung der Planeten zu den Tierkreiszeichen und Häusern sowie die Stellung der Planeten im Tierkreis und ihre Stellung in den Häusern haben noch heute in der Astrologie ihre Gültigkeit. Anstelle der bis dahin üblichen zahllosen Einzelregeln gab Morin einen systematischen Überblick, aus dem sich eine Vielzahl von Aussagen ableiten ließ.

Von Placidus und Morin abgesehen gab es zwar noch eine ganze Reihe weiterer Astrologen, die versuchten, die Lehren der altüberlieferten Gestirnkunst aufrechtzuhalten, doch waren sie den Weltbildern der Antike und des Mittelalters verhaftet, die allgemein als überholt galten.

Im Jahre 1688 verbot die Kirche jede astrologische Literatur, auch die, der sie kurz zuvor noch das Imprimatur erteilt hatte. Viele weltliche Herrscher folgten diesem Beispiel oder griffen ihm sogar vor, wie beispielsweise Ludwig XIV. im Jahre 1682. Auch der Reichstag verfügte 1699 ein solches Verbot. Maria Theresia ordnete 1756 an, daß astrologische Vorhersagen, weil ›abergläubisch‹, in Zukunft aus den Kalendern zu streichen seien. Für viele radikale Aufklärer gehörte die Astrologie nunmehr in die ›Geschichte der menschlichen Narreteien‹ – auch wenn das ihrer Meinung nach nicht minder für die Religion galt, für den Mystizismus wie überhaupt für alles Geheimwissenschaftliche. Selbstredend, daß Diderot, Voltaire und andere aufgeklärte Geister für die Gestirnkunst nichts als Hohn übrig hatten.

Einen großen Schlag gegen die Astrologen bedeutete das Verschwinden der praktischen Ephemeriden und anderer Sterntabellen, die seit etwa Anfang des 18. Jahrhunderts nicht mehr weitergeführt und auch nicht nachgedruckt wurden. In den astronomischen Jahrbüchern ersetzte man die herkömmliche Angabe der Gestirnspositionen, Länge und Breite, durch Rektaszension und Deklination, was die Berechnung eines Horoskops zu einer außerordentlich aufwendigen und komplizierten Angelegenheit werden ließ.

Zwar erschienen nach wie vor die kaum zu unterdrückenden astrologischen Almanache mit ihren beliebten Prognosen über Wetter, Ernte und politisches Geschehen (wenn sie nicht offen zur Schau gestellt wurden, fand man die astrologischen Vorhersagen versteckt in den beliebten Hauskalendern), doch all das konnte nicht mehr darüber hinwegtäuschen, daß die Hoch-Zeit der Astrologie vorüber war. Im

57 Jean-Baptiste Morin de Villefranche (1583–1656), Arzt und Mathematikprofessor, Verfasser der »Astrologia gallica«

Lager der nun im Gegenzug zur Aufklärung wie Pilze aus dem Boden schießenden okkulten Vereinigungen wie Rosenkreuzer, Goldkreuzer, Alchimisten oder Neo-Hermetiker aller Art konnte sie jedoch untertauchen.

Die schwärmerische Romantik und ihre Vorläufer, der Sturm und Drang, entdeckten die Astrologie zwar nicht unbedingt neu, pflegten aber die zarten Bande, die sie zu allem Geheimnisvollen, Kosmischem und die Imagination Anregendem hatten. Goethe hat sich intensiver mit Astrologie befaßt als die meisten seiner Zeitgenossen, sein Werk »Dichtung und Wahrheit« beginnt mit einer Besprechung seines eigenen Horoskops.

Die Innigkeit, die während dieser Zeit kultiviert wurde, entsprang der Ablehnung der Vernunft, wodurch sich immer wieder zeigte, daß die Aufklärung doch nicht in der Lage war, ihr Versprechen einzulösen, dem Universum seine allerletzten Geheimnisse zu entreißen.

Es fand sich jedoch kein großer Geist, der mit dieser nostalgisch motivierten Liebelei mit dem Geheimwissen der Vergangenheit wirk-

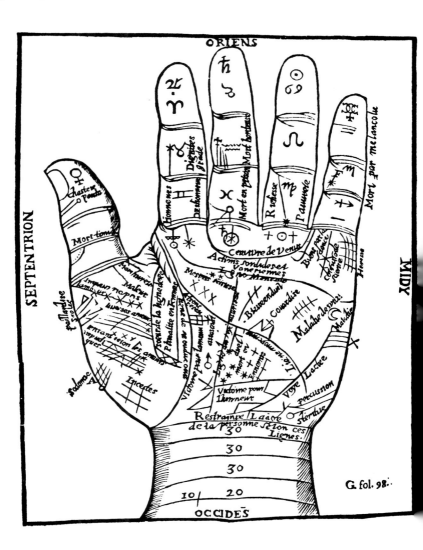

58 Auch die Chirologie erfreute sich in der nachmittelalterlichen Zeit zunehmender Beliebtheit. Oft verschmolzen verschiedene Systeme und Lehren miteinander, wie hier in dieser mit astrologischer Symbolik versehenen ›Hand-Karte‹ gezeigt

lich ernstgemacht und es in ein neues, zeitgemäßeres Gewand gekleidet hätte. So finden sich zwar Bruchstücke astrologischen Gedankenguts in Dichtung und Philosophie, und gelegentlich scheint auch durch, daß der Abschied von der Gestirnkunst in Wirklichkeit doch nicht immer so konsequent gehandhabt wurde, wie man angesichts der massiven öffentlichen Ächtung der Astrologie hätte glauben müssen. Doch aus Scherben lassen sich keine brauchbaren Gefäße mehr herstellen, und so blieb Stückwerk, was eine Erneuerung oder Wiederbelebung hätte werden können.

Im nachhinein betrachtet kann eine solche Entwicklung nicht verwundern, denn im 19. Jahrhundert beginnt ja erst der eigentliche Triumphzug des Rationalismus. Selbst innerhalb des Okkultismus, traditionsgemäß ein Zufluchtsort für fast alle in Ungnade gefallenen Wissenschaften, mochte sich niemand mehr so recht für die Astrologie erwärmen. Ähnlich wie im alten Babylon, wo sich viele Astrologen von ihrer Kunst abwendeten, nachdem die ›wunderbaren Geschehnisse‹ am Himmel berechen- und vorhersehbar geworden waren, konnte man sich im ›Zeitalter des Uhrwerkdenkens‹ mit seinem Präzisionsfanatismus nur noch schwer für eine Disziplin begeistern, die es nach aktuellem Verständnis nicht mehr vermochte, echte Wissenschaft zu sein. Physik und Chemie mit ihrer vorzeigbaren Exaktheit stellten sie darüber hinaus in den Schatten.

Während die Astrologie in Deutschland und Frankreich verfiel, erlebte sie in England eine milde Renaissance, allerdings nur auf dem für das Inselreich seit Jahrhunderten typischen empirisch-pragmatischen Niveau, das sich nur selten mit komplizierteren Deutungsgerüsten beschäftigte, und dem dieses Theoriedefizit nicht das geringste auszumachen schien. Knappich trifft diese Grundhaltung sehr genau, wenn er vom »professionellen Empirismus und einer handwerksmäßigen Verflachung der Lehre« spricht.[13] Andererseits führte diese Grundtendenz auch dazu, daß in England einige astrologische Standardwerke entstanden, die sich bis heute in der Praxis bewähren, allen voran die erstmals 1810 publizierten und bis heute erscheinenden *»Raphael-Ephemeriden«*.

Ein deutlicher Schwerpunkt der englischen Astrologie waren die Wetterprognosen und die politischen Vorhersagen. Allgemein ist das Bestreben der Astrologen zu beobachten, sich eindeutig von Okkultismus und Mystizismus zu distanzieren. (Ähnliches war bereits früher in der christlichen ›Natur-Astrologie‹ zu bemerken, die sich gegen jede magische Nutzung der Gestirnkunst wandte.) Man bemühte sich, ganz dem Zeitgeist angepaßt, um ›Wissenschaftlichkeit‹, auch wenn man auf der Gegenseite nicht allzu viel Gegenliebe erntete.

Wie schon erwähnt, fristete die Astrologie im 19. Jahrhundert ein Schattendasein in den Tempeln der okkulten Geheimbünde. Geheimwissenschaftler wie Eliphas Lévi (d. i. Alphonse-Louis Constant) und Papus (d. i. Gérard Encausse) gaben hier den Ton an. Sie interessierten sich vor allem für magisch-kabbalistische Spekulationen, in denen die Astrologie jedoch nur den Charakter eines Symbol-Zulieferers hatte; zur Prognostik wurde sie fast nur noch von wenigen astrologischen Einzelkämpfern oder von bündisch organisierten Magiern und Okkultisten herangezogen. Wie aber so oft in ihrer Geschichte stand der Astrologie nach dem beschriebenen Niedergang im 19. Jahrhundert schon um die Jahrhundertwende wieder eine neue Blütezeit bevor.

Die Astrologie im 20. Jahrhundert

Im Lauf unseres kleinen Streifzugs durch die Geschichte der Astrologie haben wir gesehen, daß sich die Gestirnkunst schon immer mit den Geistesströmungen ihrer jeweiligen Gegenwart auseinandersetzen mußte. Andererseits befruchtete diese Gegenwart sie auch, gab ihr Anregungen – und sei es auch nur *ex negativo*, indem sie ihren Kritikern und Gegnern eine Reibungsfläche bot.

Heute gibt es mehr Astrologen als jemals zuvor. Allein in der Bundesrepublik Deutschland sollen die jährlichen Umsätze astrologischer Berater an die 250 Millionen Mark ausmachen. Ein überaus reiches Angebot an astrologischer Literatur, Vorträgen, Seminaren und Fernlehrgängen hat die Astrologie überaus populär gemacht.

Viele Illustrierten und Zeitungen führen eine regelmäßige astrologische Kolumne, die zwar oft belächelt, aber eben doch gelesen wird, sei es zur Belustigung, aus Neugier, oder weil viele Zeitgenossen im Unsicheren sind, ob nicht vielleicht doch etwas Wahres daran sein könnte.

Es gab Fernsehstars wie Madame Teissier, die mit mehr oder weniger großem Erfolg in den achtziger Jahren Astro-Shows moderierte; es gab (und gibt) astrologische Wochenzeitschriften mit hohen Auflagen, astrologischen Schmuck und vieles mehr (siehe Ft. 16). Vor allem aus Amerika, das bis zum Ende des Zweiten Weltkriegs so gut wie keine Rolle in der internationalen Astrologie spielte, kommen heute die meisten Anregungen und Neuentwicklungen. Amerikanische Astro-Software, die dem professionellen Astrologen die Arbeit erleichtert und ihm in vergleichsweise kurzer Zeit umfangreiche statistische Analysen ermöglicht, beherrscht den Markt. Da solche Analysen meist recht erschwinglich sind (die gegenwärtigen Preise rangieren zwischen ca. 8 und 10 DM für ›public domain‹, also nichtkommerzielle Programme, und bis zu ca. DM 2000 für leistungsstarke Profi-Pakete),

59 und 60 Im Zeitalter der Tischcomputer und der mit Spezialprogrammen ausgerüsteten Astrologie-Taschenrechner wird wohl bald auf den Gebrauch von Aspekt- (Abb. 59) und Aszendentenscheibe (Abb. 60) verzichtet werden

gelangt die Gestirnkunst durch zunehmende Computerisierung auch in die Privathaushalte.

In diesem Sinne wird auch die ›seriöse‹ Astrologie (im Gegensatz zur oberflächlich-populären und der Zeitungsastrologie) immer ›demokratischer‹. Was früher Geheimwissen einiger weniger war, wird nun zum Gemeingut – so zumindest will es der Mythos. Denn an der Komplexität der Astrologie hat sich nichts geändert; noch immer werden vom Astrologen Erfahrung, Kombinationsgabe, psychologisches Einfühlungsvermögen, Menschenkenntnis und Intuition gefordert, hat die

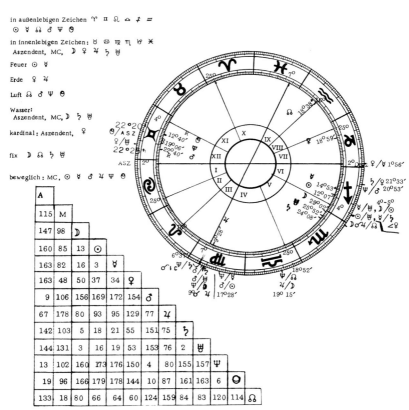

61 Heute stehen vor allem Politiker im Vordergrund mundanastrologischen Interesses. Horoskop von Carlo Schmid, 1956 von Walter Koch, dem Begründer des GOH-Häusersystems, gestellt

Sterndeutung den Charakter eines echten Handwerks und einer Kunst zugleich.

Mit der Anerkennung ihrer Wissenschaftlichkeit hat die Astrologie jedoch nach wie vor Probleme. Forscher wie Gauquelin und Eysenck haben sich der Astrologie mit dem scharfen Auge des Naturwissenschaftlers angenommen und dabei erstaunliche Ergebnisse erzielt. Manches, was die alten Sterndeuter schon seit Jahrtausenden behaupten, wird dabei bestätigt, insgesamt scheinen aber die Untersuchungen – im Rahmen ihrer möglichen methodologischen Schwächen, die wir bereits im ersten Kapitel erwähnten – die Gestirnkunst weder zu beweisen noch sie zu widerlegen. Vor allem die deutsche Astrologie um Autoren wie Witte und Ebertin hat immer wieder versucht, mittels ›rationalistischer‹ Einflußtheorien den Segen des wissenschaftlichen Establishments zu erlangen, allerdings ohne erkennbaren Erfolg. Nicht einmal die Astrologie selbst vermag zuverlässige Prognosen darüber abzugeben, ob diese – durchaus nicht von allen Vertretern der Disziplin ersehnte – Anerkennung jemals erfolgen wird.

Auch die altbekannten Reinigungsbestrebungen und die Versuche, innerhalb der Astrologie die Spreu vom Weizen zu trennen, haben nicht nachgelassen. Manche Astrologenschulen, beispielsweise die Richtung der schweizerischen Autoren Bruno und Luise Huber, geben sich rein psychologisch und lehnen jede Schicksalsprognostik als unseriös ab. Andere Astrologen höhnen gegen das handwerkliche Unvermögen dieser Prognosegegner, denen die Trauben nur zu sauer seien. Sie betonen, daß wahre Astrologie seit jeher auch (wenngleich nicht ausschließlich) Mantik gewesen sei.

Einen Höhepunkt ihrer Geschichte erlebte die Astrologie im Deutschland der zwanziger Jahre. Die Protagonisten dieser Renaissance rekrutierten sich zunächst (d.h. kurz vor dem Ersten Weltkrieg) aus dem theosophischen Lager, wo das Interesse an der Astrologie einen stillen Zufluchtsort gefunden hatte; ein Zulauf aus allen Richtungen begann jedoch schon bald nach dem Krieg. Hatte die deutsche Astrologie bis etwa 1914 fast gänzlich brachgelegen und hielt man, wohl auf Grund des großen Einflusses des englischen Theosophen Alan Leo, vor allem die Engländer für die eigentlichen Experten auf diesem Gebiet, setzte jetzt eine selten fruchtbare Epoche für die Gestirnkunst ein, in der die unterschiedlichsten und oft mit akademischen Ehren versehenen Denker den Ton angeben sollten. In alphabetischer Reihenfolge, die auch österreichische Astrologen berücksichtigt, waren dies vor allem Wilhelm Becker, Alexander Bethor (d.i. Aquilin Backmund), Wilhelm Bischoff, Dr. Karl G. Bittner, Karl Brandler-Pracht, Elsbeth und Reinhold Ebertin, Frank Glahn, Albert Max Grimm, Dr. Franz Hartmann, Herbert Freiherr von Klöckler, Wilhelm Knappich, Albert Kniepf, Dr. Walter Koch, Dr. Hubert

Korsch, Karl Ernst Krafft, Erich Karl Kühr, Hans Künkel, Christian Meier-Parm, Otto Pöllner, Emil Saenger, Rudolf von Sebottendorff, Sindbad (d.i. Friedrich Schwickert), Dr. Heinz Arthur Strauß, G.W. Surya (d.i. Demeter Georgiewitz-Weitzer), Ernst Tiede, Dr. Olga von Ungern-Sternberg, Johannes Vehlow, Dr. Adolf Weiß und Alfred Witte.

Die Zahl damals gängiger, gut verkäuflicher astrologischer Zeitschriften belegt das große Interesse an der Gestirnkunst: »*Astral Warte*«, »*Die Astrologie*«, »*Astrologische Rundschau*«, »*Mensch im All*«, »*Sterne und Mensch*«, »*Zenit*«. Hinzu kamen nicht weniger als 26 Almanache und Prognosewerke, die – meist im Jahresturnus aufgelegt – von professionellen Astrologen verfaßt wurden und der Verbreitung ihrer Disziplin (und der Eigenwerbung ihrer Autoren) dienten. Von diesen kommerziellen Aspekten abgesehen ist sich die internationale Fachwelt jedoch einig, daß die deutschen Astrologen dieser Epoche der Gestirnkunst ein beispielloses, bisher nicht wieder erreichtes intellektuelles Niveau bescherten. Aus dieser Zeit stammen so bedeutsame, heute allgemein gängige astrologische Prinzipien wie die Berücksichtigung der Halbsummen (Witte, Ebertin), der Spannungsherrscher (Meier-Parm), aber auch das erst nach dem Zweiten Weltkrieg zum Durchbruch gelangte System der Geburtsortshäuser (GOH) des Walter Koch. Oskar Schmitz machte C.G. Jung mit der Astrologie vertraut und war der erste, der einen Brückenschlag zwischen jungianischer Tiefenpsychologie und Astrologie versuchte – inzwischen fast Standardrepertoire astrologischer Charakterdeutung.

Diese Blüte der Astrologie nahm 1941 ein jähes Ende, als die nationalsozialistische Regierung nach der Heß-Affäre endgültig jegliche astrologische Betätigung untersagte. Astrologen kamen scharenweise in ›Schutzhaft‹ oder in Konzentrationslager. Eines der ersten Nazi-Opfer unter den Astrologen dürfte der Arzt und Röhm-Vertraute Dr. Karl-Günther Heimsoth gewesen sein, der zusammen mit Ernst Röhm und Otto Strasser bei der Niederschlagung des ›Röhm-Putsches‹ 1934 von der SS ermordet wurde.

Diese Entwicklung hatte sich schon 1933 angebahnt, als verschiedene Parteimitglieder innerhalb der – ziemlich zerstrittenen – Astrologenschaft die Gleichschaltung propagierten und immer wieder Verhandlungen mit den Behörden erforderlich wurden, um Verbot und

Ächtung abzuwenden. (Offiziell fiel die Astrologie schon seit langem unter das ›Wahrsagereigesetz‹. Ihre gewerbsmäßige Ausübung stand formaljuristisch zwar unter Strafe, wurde aber gelegentlich toleriert. Im Jahre 1935 wurde sogar erlaubt, daß sich vollberufliche Astrologen als Selbständige der Arbeitsfront anschlossen, sofern sie als ›politisch vertrauenswürdig‹ galten.)

Dieses Vorgehen steht in radikalem Gegensatz zu den in Esoterikerkreisen immer wieder zu hörenden Gerüchten, daß die Nazis – und insbesondere Adolf Hitler – große Anhänger der Astrologie und anderer Geheimwissenschaften gewesen seien. Der englische Historiker und Okkultismusforscher Ellic Howe hat in seinem Werk »*Astrology and the Third Reich*« (eine überarbeitete und erweiterte Fassung seiner früheren Studie »*Urania's Children*«) mit diesem Mythos gründlich aufgeräumt. Gewiß gab es vereinzelte Nazi-Größen, die sich auch für die Astrologie interessierten, allen voran Heinrich Himmler oder auch Rudolf Heß. Tatsache ist aber, daß jedwede okkulte Betätigung den Nazis suspekt war. Ganz besonders gilt dies für die unkontrollierbaren politischen Prognosen der Astrologen, so sehr sich viele Sternendeuter auch Mühe gaben, sich dem Zeitgeist anzupassen und sich, ganz nach Art ihrer früheren Kollegen im Mittelalter und der Renaissance, den Machthabern mit willfährigen, lobhudelnden Aussagen anzudienen.

Kurz nach der Machtergreifung wurden z. B. erste Tendenzen offenbar, die Astrologie zu einer ›nordischen‹ Wissenschaft zu erklären, die einer Art siderischer Erforschung der Erbmasse gleichkomme. Manche Astrologen gingen sogar so weit, aus dem Tierkreis einen arisierten ›Tyrkreis‹ zu machen. Und noch 1933 sahen sich einige Astrologen, teilweise aufgrund von Denunziationen, dazu genötigt, in den jeweiligen Fachzeitschriften ihre ›arische Herkunft‹ anzuzeigen.

Ellic Howe arbeitete im Zweiten Weltkrieg für die englische Abwehr in London, wo er vor allem für deutschsprachige Propaganda verantwortlich war. In seinem erwähnten Buch schildert er den Einsatz astrologischer Mittel zum Zwecke politischer Propaganda und der Wehrkraftzersetzung beim Gegner. Sowohl die deutsche als auch die alliierte Seite bediente sich zeitweilig gefälschter astrologischer Aussagen oder Prognosen, die in Form von Pamphleten hinter feindlichen Linien abgeworfen oder verteilt wurden. Eine Vorgehensweise, die sowohl aus der römischen Kaiser- als auch aus der Reformationszeit bekannt ist.

62 Louis de Wohl, von den Briten während des Zweiten Weltkrieges beschäftigt

Der schweizerische Astrologe Karl Ernst Krafft hatte, wie viele andere, Hitlers Horoskop aufmerksam studiert und hoffte darauf, bei den Nazis groß ins Geschäft einsteigen zu können. 1939, einen Monat nach Kriegsausbruch, wurde er auch vom Reichssicherheitshauptamt in Dienst genommen, wohl zunächst in der Absicht, ihn als schweizerischen Staatsbürger mit vielen internationalen Kontakten für Kurierdienste in den Niederlanden einspannen zu können. Am 2. November verfaßte er eine Prognose, in der er für die Zeit vom 7. bis zum 10. November ein Attentat auf Hitler voraussagte. Da Hitler am 8. November nur knapp der Bombe in München entging, ließ Goebbels den nunmehr verdächtig gewordenen Astrologen von vier Beamten der Gestapo nach Berlin bringen. Er wurde verhört, aber wieder freigelassen. Später verfaßte er für das Reichspropagandaministerium Nostradamus-Auslegungen im Sinne der Nazis, die für die psychologische Kriegsführung eingesetzt wurden. Noch bedeutsamer war für Krafft aber die Tatsache, daß er durch sein Wirken in den Ruf geriet,

63 Karl Ernst Krafft
(1916). Er wollte der
Astrologe Hitlers
werden

Hitlers ›Hofastrologe‹ zu sein. Aufgrund von Informationen aus der rumänischen Diplomatie gingen die Briten davon aus, daß Hitler astrologiegläubig wäre. Um einen Hinweis darauf zu erhalten, was ihm seine Astrologen möglicherweise raten würden, nahmen die britischen Geheimdienste ihrerseits den Astrologen Louis de Wohl in Dienst. Dieser sollte sich psychologisch in seinen vermeintlichen Gegenspieler auf deutscher Seite hineinversetzen, um, gestützt durch konventionelle astrologische Berechnungen, Rückschlüsse auf die möglicherweise den Kriegsverlauf beeinflussenden Ratschläge der Gegenseite zu ziehen. So zumindest behauptete de Wohl dies später. Es ist allerdings wahrscheinlicher, daß er – ebenfalls zum Zwecke psychologischer Kriegsführung – von britischer Seite dazu eingesetzt wurde, Krafft indirekt bei seinen Arbeitgebern zu diskreditieren.

Während eines längeren USA-Aufenthalts hielt er mehrere Vorträge zu astrologischen Themen und gab Presseerklärungen ab, die dazu dienen sollten, Amerika zu einem Kriegseintritt zu bewegen. Später

64 Von Louis de Wohl für die englische Abwehr gefälschte Astrologiezeitschrift in deutscher Sprache

fälschte der englische Geheimdienst eine Luftfeldpost-Ausgabe der 1938 eingestellten Astrologiezeitschrift »Zenit« (die man fälschlich mit »Der Zenit« betitelte). In dieser um drei Monate rückdatierten Zeitschrift befanden sich ›Prognosen‹ über die Versenkung deutscher U-Boote, die sich im nachhinein als ›richtig‹ erwiesen. Damit sollte die Kampfmoral der U-Boot-Waffe geschwächt werden. Die deutsche Abwehr wiederum beauftragte Astrologen, um festzustellen, ob solche Prognosen nach korrekten astrologischen Prinzipien erstellt worden waren ... De Wohl belieferte, genau wie es Krafft auf deutscher Seite tat, die Alliierten mit gefälschten Nostradamus-Prognosen, die den Krieg in einem aus deutscher Sicht sehr ungünstigen Licht erscheinen ließen.

Im Zusammenhang mit der Heß-Affäre wurde schließlich auch Krafft unter dem Verdacht nachrichtendienstlicher Tätigkeit für den Feind festgenommen. Nach monatelangen Schikanen und einer kurzen Tätigkeit für das Propagandaministerium verfiel er in eine Haftpsychose und wurde in das Konzentrationslager Oranienburg eingeliefert. Am 8. Januar 1945 starb er auf dem Transport nach Buchenwald.

Nach dem Krieg erholte sich die deutsche Astrologie zwar relativ schnell, hatte aber große Mühe, an ihre mit der Astrologenverfolgung von 1941 unterbrochene Tradition anzuknüpfen. Zudem war wichtige Literatur vernichtet worden, und manches mußte aufs neue entdeckt oder wiederbelebt werden.

Zu den bedeutendsten deutschen Nachkriegsastrologen zählen (und zählten) Wolfgang Angermeyer (Wirtschafts- und Börsenastrologie),

65 Beispiel für ein Horoskop der zeitgenössischen schweizerischen ›Huber-Schule‹ (API). Die Verbindungslinien zeigen Aspekte an

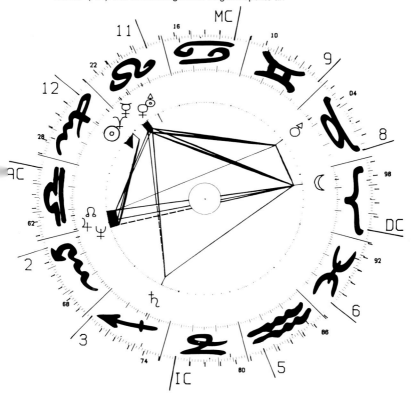

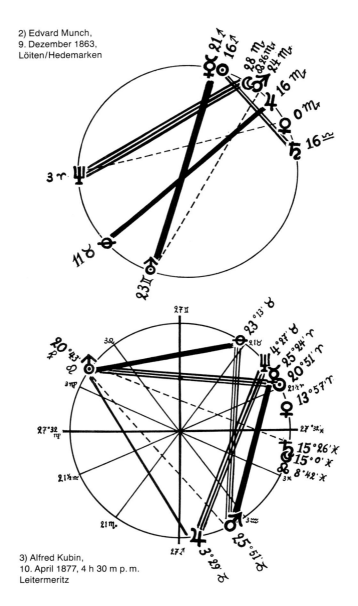

2) Edvard Munch,
9. Dezember 1863,
Löiten/Hedemarken

3) Alfred Kubin,
10. April 1877, 4 h 30 m p. m.
Leitermeritz

67 Modernes astrologisches Divinationsinstrument: die amerikanischen ›Astro Dice‹, ein Satz Würfel mit astrologischen Symbolen

Wolfgang Döbereiner (Münchner Rhythmenlehre), Baldur Ebertin (Kosmobiologie), Dr. Alfred Fankhauser, Hans Genuit (Kosmobiosophie), Bruno und Luise Huber (API/»Huber-Schule«), Hans Kündig, Herbert Löhlein, Alexander von Pronay, Thomas Ring, Ludwig und Udo Rudolph (Hamburger Schule), Hans Hinrich Taeger (Mandala-Element-Analyse), Edith Wangemann (Kosmosophie), Zoe Gräfin Wassilko-Serecki und Eric Weil.

Aus Amerika sind Astrologen wie Stephen Arroyo, Robert Hand, Marc Jones, Dane Rudhyar, Sandra Schulman oder Sakoian/Acker bekannt, aus England stammen Liz Greene und Ronald Davison. Französische Forscher wie Paul Choisnard und André Barbault sowie der bereits mehrfach erwähnte Michel Gauquelin verbanden die Astrologie mit der mathematischen Statistik, wie es auch Krafft und Klöckler schon taten und wie es C. G. Jung etwas dilettantisch versucht hatte, als er die Horoskope von 480 Ehepaaren untersuchte.

◁ 66 Einen völlig anderen Horoskop-Stil pflegte der vor einigen Jahren verstorbene Kölner Kunstmaler und Astrologe Thomas Ring

Elemente der Gestaltpsychologie verschmolzen unter angelsächsischem Einfluß zur Harmonikalen Astrologie. Man befaßte sich auch zunehmend mit heliozentrischer Astrologie, mit den Entfernungswerten der Planeten in Relation zur Erde, mit Asteroiden, mit ›karmischen‹ Horoskop-Faktoren, mit Partnerhoroskopen, ja sogar mit Tierastrologie. Manches davon ist alte Lehrmeinung, die sich – oft ohne das Wissen ihrer Vertreter – nur in ein neues Gewand gehüllt hat.

Das Anliegen der Astrologie bleibt jedoch trotz ihrer chamäleonhaften Verwandlungen und trotz aller Uneinheitlichkeit der Methoden immer gleich – dem Menschen mehr Klarheit zu verschaffen über seine Stellung im All, über seine Beziehung zu den Gestirnen, über die Qualität der Zeit und vor allem über die Zukunft. Aus diesem Anspruch leitet sich ihre Faszination ab, und an diesem Anspruch muß sie sich auch messen lassen, heute wie vor 5000 Jahren.

Kleines astrologisches Glossar

Die folgende Auswahl gibt einen kleinen Überblick über die wichtigsten astrologischen Begriffe:

Aszendent (AC) Punkt des Zodiaks, der im Augenblick der Geburt scheinbar am östlichen Horizont des Geburtsorts aufgeht; wie der → *Meridian* ist auch er in allen → *Häusersystemen* gleich.

Aspekt Winkelbeziehung zwischen Horoskop-Faktoren (→ *Planeten;* → *Häuser*), die etwas über das Kräfteverhältnis der Faktoren zueinander aussagt. In der Klassik galten Opposition (180°) und Quadratur (90°) als ›böse‹ oder disharmonische Aspekte; ›gut‹ oder harmonisch dagegen waren das Trigon (120°) und das Sextil (60°). Die Qualität der Konjunktion (0°) hängt davon ab, wie verträglich zwei Prinzipien sind. So ›vertragen‹ sich Sonne und Jupiter beispielsweise gut, eine Konjunktion der beiden im Geburtshoroskop wird dem → *Nativen* daher nach herkömmlicher Deutung Selbstsicherheit und materielles Wohlergehen bescheren. Saturn und Sonne dagegen könnten in Konjunktion miteinander beispielsweise auf Hemmungen, Schwerfälligkeit und Herzerkrankungen hinweisen.

Dekanat Aus dem alten Ägypten überlieferte Dreiteilung eines Tierkreiszeichens in je 10°; jedem dieser Dekanate steht einer der astrologischen → *Planeten* vor.

Elektion Mit astrologischen Mitteln ermittelter günstiger Zeitpunkt für ein geplantes Vorhaben.

Ephemeriden Astronomische Gestirnstandstabellen, nach denen der Astrologe ein → *Horoskop* berechnet.

Häuser (auch: Felder, Orte) Sphärentrigonometrische Unterteilung des Horoskops in zwölf (je nach verwendetem System unterschiedliche), nur in der sog. äqualen Manier gleich große Abschnitte, die jeweils einen Spezialbereich abdecken. So steht beispielsweise das vierte Haus für ›Heim, Familie, Nest‹, das zehnte dagegen für ›Lebensziel, Beruf, Berufung‹ usw. Zu ihrer Berechnung verwendet der Astrologe sogenannte Häusertabellen. Vgl. → *Häusersystem*

Häusersystem Berechnungsmethode zur Ermittlung der astrologischen → *Häuser* oder Felder. Antike Horoskope verwendeten ein System mit gleich großen Häusern von je 30°, die ausgehend vom → *Aszendenten* abgezählt wurden. Dieses System bezeichnet man als die äquale Manier. Es gewinnt gegenwärtig vor allem in der amerikanischen Astrologie wieder an Bedeutung. Im allgemeinen haben sich jedoch die klassischen Systeme des Placidus, des Regiomontanus und des Campanus durchgesetzt. Seit den fünfziger Jahren arbeiten zahlreiche Astrologen auch mit dem GOH-System (für: ›Geburtsortshäuser‹) des deutschen Mathematikers und Astrologen Walter Koch (auch sog. ›Koch-Häuser‹).

Horoskop Wörtlich ›Stundenschau‹; astrologisches Diagramm einer Geburt oder eines Ereignisses (z. B. Grundsteinlegung). Von manchen Schulen auch als Kosmogramm bezeichnet. Es gibt eine Vielzahl von Horoskop-Typen, beispielsweise Geburts- und Ereignishoroskope, ferner Solar-, Direktions- oder Progressionshoroskope für die Prognose.

Konjunktion → *Aspekt*

Meridian (auch: Medium coeli, MC, Himmelsmitte) Der ›Zenit‹ im Augenblick und am Ort einer Geburt oder eines astrologisch in einem → *Horoskop* eingefangenen Ereignisses. Der Gegenpunkt des Meridians ist das *Immum coeli* (IC), der Nadir.

Nativer Astrologischer Fachausdruck für ›Horoskop-Eigner‹, den man in der Fachliteratur gelegentlich auch als den ›Geborenen‹ bezeichnet.

Opposition → *Aspekt*

Planeten In der Astrologie werden, anders als in der Astronomie, die beiden ›Lichter‹ Sonne und Mond als Planeten gewertet, weshalb man auch von den ›astrologischen Planeten‹ spricht. So ergeben sich die sieben ›klassischen‹ Planeten Sonne, Mond, Merkur, Mars, Venus, Jupiter und Saturn. Seit Ende des 18. Jahrhunderts wurden von der Astronomie die drei ›transsaturnischen‹ Planeten Uranus (früher: Herschel, 1781), Neptun (1846) und Pluto (1930) entdeckt, die inzwischen auch von der Astrologie berücksichtigt werden.

Präzession Die rotationsbedingte Verschiebung der Erdachse auf der Ekliptik. Sie führte dazu, daß sich der Frühlingspunkt (0° Widder) im Laufe der Jahrtausende immer weiter verschob. → *Zeitalterlehre*

Prognose Auch wenn manche modernen, rein tiefenpsychologisch orientierten Astrologieschulen diese Tatsache gern verdrängen, war es doch seit jeher das Hauptanliegen der Astrologie, dem Menschen einen Blick in die Zukunft zu erlauben. Es läßt sich ohne Übertreibung feststellen, daß die Astrologie allein zum Zwecke der Prognose entwickelt wurde.

Quadrat (auch: Quadratur)   → *Aspekt*

Sextil → *Aspekt*

Tierkreiszeichen   → *Zodiak*

Trigon → *Aspekt*

Wassermannzeitalter   → *Zeitalterlehre*

Zeitalterlehre Die Lehre von den astrologischen Zeitaltern, die einander mit der → *Präzession* der Erdachse ca. alle 2000 Jahre ablösen. Da der genaue Anfangspunkt nicht bekannt ist, ist die Terminierung strittig.

Zodiak Idealisierter Kreis der zwölf Tierkreiszeichen (oft fälschlich mit Sternbildern verwechselt), die in dieser abstrahierten Form je 30°

umfassen, was sich natürlich nicht mit den astronomischen Gegebenheiten deckt. Allerdings arbeitet auch die Astronomie aus Gründen der Bequemlichkeit mit dem Zodiak. Die zwölf heute gebräuchlichen Tierkreiszeichen sind: Widder (21. 3.-20. 4.); Stier (21. 4.-20. 5.); Zwillinge (21. 5.-21. 6.); Krebs (22. 6.-22. 7.); Löwe (23. 7.-23. 8.); Jungfrau (24. 8.-23. 9.); Waage (24. 9.-23. 10.); Skorpion (24. 10.-22. 11.); Schütze (23. 11.-21. 12.); Steinbock (22. 12.-20. 1.); Wassermann (21. 1.-20. 2.) und Fische (21. 2.-20. 3.).

Anmerkungen

1. zitiert nach: Wilhelm Knappich: »*Geschichte der Astrologie*«, Frankfurt 1967, Seite 5
2. Wilhelm Knappich, a. a. O., Seite 36
3. Wilhelm Knappich, a. a. O., Seite 42
4. Wilhelm Knappich, a. a. O., Seite 16
5. Henri Stierlin, »*Astrologie und Herrschaft. Von Platon bis Newton*«, Frankfurt 1988, Seite 136
6. zitiert nach: Henri Stierlin, a. a. O., Seite 53
7. Henri Stierlin, a. a. O., Seite 60
8. Henri Stierlin, a. a. O., Seite 147
9. zitiert nach: Wilhelm Knappich, a. a. O., Seite 18
10. zitiert nach: Wilhelm Wulff, »*Varāha Mihira, Lehrbuch der altindischen Astrologie*«, Waakirchen 1979, Seite 9
11. Wilhelm Knappich, a. a. O., Seite 189
12. Wilhelm Knappich, a. a. O., Seite 268
13. Wilhelm Knappich, a. a. O., Seite 302

Bibliographie

Kurt Allgeier, *Chinesisches Horoskop selbst erstellen,* 1979

E. Antoniadi, *L'astronomie égyptienne jusqu'à la fin de l'époque alexandrine,* Paris 1933

Astrologie des I Ging, nach dem Ho Lo Li Schu herausgegeben von Wallace Sherrill und Wen Kuan Chu, Düsseldorf et al. 1982

Udo Becker, *Lexikon der Astrologie,* Freiburg et al. 1981

R. Berthelot, *La pensée de l'Asie et l'astrobiologie,* 1939

C. Bezold, *Astronomie, Himmelsschau und Astrallehre bei den Babyloniern,* 1911

Hans Biedermann, *Handlexikon der magischen Künste. Von der Spätantike bis zum 19. Jahrhundert,* 3. verbess. und wesentl. verm. Aufl., 2 Bde., Graz 1986

G. Contenau, *La divination chez les Assyriens et les Babyloniens,* Paris 1940

Eric Robertson Dodds, *Die Griechen und das Irrationale,* a. d. Engl. übs. v. Hermann-Josef Dirksen, Darmstadt 1970

Dr. Alfred Fankhauser, *Das wahre Gesicht der Astrologie,* 3. umgearb. Ausg., Zürich 1952

Fred Gettings, *Dictionary of Occult, Hermetic and Alchemical Sigils,* London 1981

Hans Georg Gundel, *Weltbild und Astrologie in den griechischen Zauberpapyri,* München 1968

Wilhelm u. Hans Georg Gundel, *Astrologumena. Die astrologische Literatur in der Antike und ihre Geschichte,* Sudhoffs Archiv. Vierteljahresschrift für Geschichte der Medizin und der Naturwissenschaften, der Pharmazie und der Mathematik, Wiesbaden 1966

Wilhelm Gundel/Siegfried Schott, *Dekane und Dekansternbilder,* Hamburg 1936

A. Hauber, *Planetenkinderbilder und Sternbilder,* Straßburg 1916

Ellic Howe, *Astrology and the Third Reich. A Historical Study of Astrological Beliefs in Western Europe since 1700 and in Hitler's Germany 1933-45,* rev. & exp., Wellingborough 1984

M. Jastrow, *Die Religionen Babyloniens und Assyriens,* 2. Bd.: *Himmelsschaukunde,* Gießen 1909-12

Herbert Frhr. v. Klöckler, *Kursus der Astrologie,* 3 Bde., Freiburg 1974[4]

Wilhelm Knappich, *Geschichte der Astrologie,* Frankfurt/M. 1967

W. Koch u. W. Knappich, *Horoskop und Himmelshäuser. Geschichte der Hauskonstruktionen,* Göppingen 1959-1960

F. X. Kugler, *Sternkunde und Sterndienst in Babel,* 2. Bde. u. Nachträge, 1907-34

Georg Luck, *Arcana Mundi. Magic and the Occult in the Greek and Roman Worlds,* Baltimore 1985

Solange de Mailly Nesle, *Die Astrologie. Von der Sterndeutung zum Horoskop. Geschichte, Symbole, Zeichen,* München 1987

C. Meyer, *Der Aberglaube des Mittelalters,* Basel 1884

Horst E. Miers, *Lexikon des Geheimwissens,* vermehrte Auflage, München 1986[6]

Varāha Mihira, *Lehrbuch der altindischen Astrologie [Das große Buch der Nativitätslehre (Brihat Jātaka),* nach der englischen Übersetzung von N. Chidambaram Iyer ins Deutsche übersetzt und bearbeitet von Wilhelm Wulff], Waakirchen 1979 (Hamburg 1925[1])

K. A. Nowotny, »Zur Geschichte der astrologischen Medaillen«, in: *Numismatische Zeitschrift* Bd. 74/1955

Fritz Riemann, *Lebenshilfe Astrologie. Gedanken und Erfahrungen,* München, 1987[10]

Thomas Ring, *Astrologische Menschenkunde,* 3 Bde., Freiburg 1969

R. H. Rohm, *Die Berechnung der Häuser und Planeten. 48-54 Grad nördlicher Breite,* Bietigheim 1988[4]

A. Sachs, *Babylonian Horoscopes,* Journal of Cuneiform Studies, 6. Bd., 1952

Frances Sakoian/Louis Acker, *Das große Lehrbuch der Astrologie*, München 1976

Inge Schwarz-Winklhofer/Hans Biedermann, *Das Buch der Zeichen und Symbole*, München/Zürich 1975

Henri Stierlin, *Astrologie und Herrschaft. Von Platon bis Newton,* mit e. Vorw. v. Pierre Grimal, a. d. Franz. v. Barbara Brumm, Frankfurt/M. 1988

Sigrid Strauß-Kloebe, *Das kosmopsychische Phänomen. Geburtskonstellation und Psychodynamik,* Olten 1977

Thompson, *Reports of the Magicians and Astrologers of Niniveh and Babylone,* 2 Bde., London 1900

L. Thorndike, *A History of Magic and Experimental Science During the First 13 Centuries of Our Era,* 2 Bde., New York 1922

A. Ungnad, *Die Deutung der Zukunft bei den Babyloniern und Assyrern,* 1910

Virolleaud, *L'Astrologie chaldéenne. Le livre intitulé Enuma Elisch,* 4 Hefte, 1905–12

Th. Wedel, *The Mediaeval Attitude Toward Astrology,* New Haven 1920

E. Zinner, *Verzeichnis der astronomischen und astrologischen Handschriften des deutschen Kulturgebietes,* München 1935

Fotonachweis

Ägyptisches Museum, Kairo   18
»Der Astrolog«, Zwillikon   65
Bayerische Staatsbibliothek, München   Ft. 7, 4
Biblioteca Estense, Modena   Ft. 14, Ft. 15
Bibliothèque Nationale, Paris   Ft. 5, Ft. 6, Ft. 8–13, 8.1–8.12, 37, 54
Bouquignaud/TOP, Paris – Museum Bagdad   Ft. 2, 16.1, 16.2
British Library, London   Ft. 1, 40
British Museum, London   12, 13, 17, 19
Bulloz, Paris   55
Circle Books, Ann Arbor/Michigan   59
Codex Vaticanus   38
G. Gerster/Rapho   11
Giraudon, Paris   46
Ellic Howe, »Astrology and the Third Reich«, The Aquarian Press, Wellingborough   62, 64
Walter A. Koch, «Gesammelte Aufsätze«, S. 233, Rohm-Verlag, Bietigheim   61
Simonne Lacouture, Paris   20
G. Meguerditchian, Paris   30
Musée du Louvre, Paris   7, 10, 25
Thomas Ring, »Astrologische Menschenkunde«, Bd. IV, S. 51, Hermann Bauer Verlag, Freiburg   66
Roger-Viollet, Paris   Ft. 3, 44
Buchhandlung Kristine Schrader, Hannover   Ft. 16
Staatliche Museen Preußischer Kulturbesitz, Antikenmuseum, Berlin   14, 26, 28
Staatliche Museen zu Berlin (DDR)   15
Henri Stierlin, »Astrologie und Herrschaft«, S. 168, Athenäum Verlag, Frankfurt/M.   29
Uni Sun, Kansas City/Achim Seiffert   67
Württembergische Landesbibliothek, Stuttgart   27, 31

Weitere Vorlagen wurden vom Autor und aus dem Archiv des DuMont Buchverlages zur Verfügung gestellt.

Von Ralph Tegtmeier ist in unserem Verlag erschienen:

Casino
Die Welt der Spielbanken – Spielbanken der Welt

256 Seiten mit über 400 teils ganz- oder doppelseitigen, meist farbigen Abbildungen, Leinen mit Schutzumschlag

»Der prächtige Bildband von Ralph Tegtmeier vermittelt mit hervorragenden fotografischen Wiedergaben einen Einblick in das auf den ersten Blick so glitzernde Paradies der Spieler, macht aber auch aus den Nachtseiten der Spielhöllen keinen Hehl. Ein historischer Abriß, gewürzt mit kultur- und skandalgeschichtlichen Einlagen, weist darauf hin, daß das Glücksspiel vor allem gegen die Langeweile helfen sollte, angefangen bei den Heilbädern der Antike bis hin zu den modernen Spielbanken der Neuen Welt und den exotischen Casinos des Fernen Ostens.« *Allgemeine Zeitung Mainz*

Von Ralph Tegtmeier ist in unserem Verlag erschienen:

Tarot
Geschichte eines ›Schicksalspiels‹

181 Seiten mit 45 farbigen und 118 einfarbigen Abbildungen, kartoniert
(DuMont Taschenbücher, Band 188)

»Tarot oder Tarock? Das ist für Ralph Tegtmeier keine Frage, denn in seinem Buch über dieses Spiel, das sowohl weissagerischen wie auch unterhaltenden Zwecken dienen kann, ordnet er Tarot dem esoterischen Bereich, Tarock dem exotischen zu. Er berichtet über die vielseitige Geschichte des Tarot und über die geheimwissenschaftlichen Lehren, die entscheidend zu seiner Gestaltung beigetragen haben. Ohne dieses Hintergrundwissen ist ein tieferes Verständnis des Tarot unmöglich.
Zahlreiche farbige und schwarzweiße Bildbeispiele illustrieren die den Tarot prägende Wechselwirkung zwischen okkultem Gehalt und künstlerischer Form und veranschaulichen, wie sich das Spiel zu einem kunst- und kulturhistorischem Phänomen entwickelt hat.« *Salzburger Volksblatt*

DuMont Taschenbücher

Stand Sommer '90

Band 2
Horst W. und Dora Jane Janson
Malerei unserer Welt

Band 3
August Macke – Die Tunisreise

Band 4   Uwe M. Schneede
René Magritte

Band 6   Karin Thomas
**DuMont's kleines Sachwörterbuch
zur Kunst des 20. Jahrhunderts**

Band 8   Christian Geelhaar
Paul Klee

Band 13   Joseph-Émile Muller
**DuMont's kleines Lexikon
des Expressionismus**

Band 14   Jens Christian Jensen
Caspar David Friedrich

Band 15   Heijo Klein
**DuMont's kleines Sachwörterbuch
der Drucktechnik und grafischen
Kunst**

Band 18   Horst Richter
**Geschichte der Malerei
im 20. Jahrhundert**

Band 23   Horst Keller
Marc Chagall

Band 25   Gabriele Sterner
Jugendstil

Band 26   Jens Christian Jensen
Carl Spitzweg

Band 28   Hans Holländer
Hieronymus Bosch

Band 29   Herbert Alexander Stützer
Die Etrusker und ihre Welt

Band 30   Johannes Pawlik (Hrsg.)
Malen lernen

Band 31   Jean Selz
**DuMont's kleines Lexikon
des Impressionismus**

Band 32   Uwe M. Schneede
George Grosz

Band 33   Erwin Panofsky
**Sinn und Deutung in der bildenden
Kunst**

Band 35   Evert van Uitert
Vincent van Gogh

Band 38   Ingeborg Tetzlaff
Romanische Kapitelle in Frankreich

Band 39   Joost Elffers (Hrsg.)
DuMont's Kopfzerbrecher
TANGRAM

Band 44   Fritz Baumgart
**DuMont's kleines Sachlexikon
der Architektur**

Band 47   Paul Vogt
Der Blaue Reiter

Band 56   Ingeborg Tetzlaff
Romanische Portale in Frankreich

Band 57   Götz Adriani
**Toulouse-Lautrec und das Paris
um 1900**

Band 59   Hugo Munsterberg
Zen-Kunst

Band 65   Harald Küppers
Das Grundgesetz der Farbenlehre

Band 66
Sam Loyd/Martin Gardner
Mathematische Rätsel und Spiele
Hrsg. von Martin Gardner

Band 69   Erich Burger
Norwegische Stabkirchen

Band 70   Ernst H. Gombrich
Kunst und Fortschritt

Band 72   Michael Schuyt/
Joost Elffers/Peter Ferger
Rudolf Steiner und seine Architektur

Band 73   Gabriele Sterner
Barcelona: Antoni Gaudi

Band 74   Eckart Kleßmann
Die deutsche Romantik

Band 76   Werner Spies
Max Ernst 1950–1970

Band 77   Wolfgang Hainke
Siebdruck

Band 78   Wilhelm Rüdiger
Die gotische Kathedrale

Band 81   Klaus Fischer
**Erotik und Askese
in Kult und Kunst der Inder**

Band 83
Ekkehard Kaemmerling (Hrsg.)
Bildende Kunst als Zeichensystem 1

Band 84   Hermann Leber
Plastisches Gestalten

Band 85
Sam Loyd / Martin Gardner (Hrsg.)
**Noch mehr Mathematische Rätsel
und Spiele**

Band 88   Thomas Walters (Hrsg.)/
Gabriele Sterner
Jugendstil-Graphik

Band 89   Ingeborg Tetzlaff
Griechische Vasenbilder

Band 90   Ernesto Grassi
**Die Theorie des Schönen
in der Antike**

Band 91   Hermann Leber
Aquarellieren lernen

Band 93
Joost Elffers / Michael Schuyt
Das Hexenspiel

Band 94   Kurt Schreiner
Puppen & Theater

Band 95   Karl Hennig
Japanische Gartenkunst

Band 99   Bernd Fischer
Wasserburgen im Münsterland

Band 100   Peter-T. Schulz
Der olle Hansen

Band 101   Felix Freier
Fotografieren lernen – Sehen lernen

Band 103   Kurt Badt
Die Farbenlehre van Goghs

Band 104   Wilfried Hansmann
Die Apokalypse von Angers

Band 107   Joost Elffers/
Michael Schuyt / Fred Leeman
Anamorphosen

Band 109   Bernd Fischer
Hanse-Städte

Band 114   Peter-T. Schulz
Der Kuckuck und der Esel

Band 115   Angelika Hofmann
Ton

Band 116   Sara Champion
**DuMont's Lexikon archäologischer
Fachbegriffe und Techniken**

Band 117   Rosario Assunto
**Die Theorie des Schönen
im Mittelalter**

Band 119   Joachim Petsch
Geschichte des Auto-Design

Band 121   Renate Berger
**Malerinnen auf dem Weg ins
20. Jahrhundert**

Band 123   Fritz Winzer
DuMont's Lexikon der Möbelkunde

Band 124   Walter Dohmen
Die Lithographie

Band 127   Peter-T. Schulz
Rapunzel

Band 128   Lu Bro
Wie lerne ich Zeichnen

Band 130
Bettina Gruber/Maria Vedder
**DuMont's Handbuch der
Video-Praxis**

Band 131
Anneliese und Peter Keilhauer
Die Bildsprache des Hinduismus

Band 132   Reinhard Merker
**Die bildenden Künste im
Nationalsozialismus**

Band 133   Barbara Salberg-Steinhardt
Die Schrift:
Geschichte – Gestaltung – Anwendung

Band 134   Götz Pochat
**Der Symbolbegriff in der Ästhetik
und Kunstwissenschaft**

Band 135   Karlheinz Schüssler
Die ägyptischen Pyramiden

Band 137   Nikolaus Pevsner
Wegbereiter moderner Formgebung

Band 139   Peter-T. Schulz
Guten Tag! Eine Gulliver-Geschichte

Band 142   Rudolf Wittkower
**Allegorie und der Wandel der
Symbole in Antike und Renaissance**

Band 143   Martin Warnke (Hrsg.)
Politische Architektur

Band 144   Miriam Magall
**Kleine Geschichte der
jüdischen Kunst**

Band 145   James F. Fixx
**Rätsel und Denkspiele mit
Seitensprung**

Band 146
Rose-Marie und Rainer Hagen
Meisterwerke europäischer Kunst
als Dokumente ihrer Zeit erklärt

Band 148   Renée Violet
**Kleine Geschichte der
japanischen Kunst**

Band 149   Lawrence Treat
Detektive auf dem Glatteis

Band 150
Alexandra Lavizzari-Raeuber
Thangkas

Band 151   Hartmut Kraft
**Psychoanalyse,
Kunst und Kreativität heute**

Band 153   Ingeborg Ebeling
Masken und Maskierung

Band 156   Herbert Alexander Stützer
**Kleine Geschichte der römischen
Kunst**

Band 157   Paul Maenz
Die 50er Jahre

Band 159   Anita Rolf
**Kleine Geschichte der chinesischen
Kunst**

Band 160
Felix Freier/Norbert Sarrazin
**Fotos: Selbst entwickeln –
Selbst vergrößern**

Band 163   Harald Küppers
**Die Farbenlehre der Fernseh-, Foto-
und Drucktechnik**

Band 164   Nora Gallagher
Wohnzimmerspiele – alt und neu

Band 167   Eckhard Neumann (Hrsg.)
Bauhaus und Bauhäusler

Band 169   Wolfgang Kemp (Hrsg.)
Der Betrachter ist im Bild

Band 170   Hans Sedlmayr
Die Revolution der modernen Kunst

Band 171   Ernst H. Gombrich
**Eine kurze Weltgeschichte für junge
Leser**

Band 173   Eve-Marie Helm
555 Teekessel

Band 174
Abbie Salny/Marvin Grosswirth
Phantastische Mensa-Rätsel

Band 177   Vittorio Lampugnani
Architektur als Kultur

Band 178   Michael Koulen
Go

Band 180   Walter Dohmen
Der Tiefdruck

Band 181   Stephan Schmidt-Wulffen
Spielregeln

Band 182   Martin Schuster
Kunsttherapie

Band 183   Bazon Brock/
Hans Ulrich Reck/Internationales
Design Zentrum Berlin e.V. (Hrsg.)
Stilwandel

Band 184   Wilfried Hansmann
Balthasar Neumann

Band 185   Manfred Görgens
Kleine Geschichte der indischen Kunst

Band 186
Veruschka und Gábor Bódy (Hrsg.)
Video in Kunst und Alltag

Band 188   Ralph Tegtmeier
Tarot

Band 189   Marie Luise Syring
Kunst in Frankreich

Band 190   Peter Bolz/Bernd Peyer
Indianische Kunst Nordamerikas

Band 191
Abbie Salny/Marvin Grosswirth
Das endgültige Mensa-Quiz-Buch

Band 193   Gerald Kahan
$E = mc^2$

Band 194   Bernhard Streck (Hrsg.)
Wörterbuch der Ethnologie

Band 195   Wolfgang Hautumm
Die griechische Skulptur

Band 197   Andreas Mäckler (Hrsg.)
Was ist Kunst . . .?

Band 198
Veruschka Bódy/Peter Weibel (Hrsg.)
Clip, Klapp, Bum

Band 199   Ingeborg Tetzlaff
Romanische Engelsgestalten in Frankreich

Band 200   Peter-T. Schulz
Ein Glück!

Band 201   Ernst Kitzinger
Kleine Geschichte der frühmittelalterlichen Kunst

Band 203   Wolfgang Müller
Kleine Geschichte der altamerikanischen Kunst

Band 204   John Sladek
Auf heißer Spur . . .

Band 205   Joachim Knuf
Unsere Welt der Farben

Band 206   Peter Sager
Unterwegs zu Künstlern und Bildern

Band 207   Klaus Lankheit
Revolution und Restauration

Band 208   Robert Wolf
Konfliktsimulations- und Rollenspiele: Die neuen Spiele

Band 210   Alfred Stolz
**Schamanen –
Ekstase und Jenseitssymbolik**

Band 211   Marion Milner
**Zeichnen und Malen ohne Scheu:
Ein Weg zur kreativen Befreiung**

Band 212   Toshihiko und Toyo Izutsu
Die Theorie des Schönen in Japan

Band 213   Scot Morris
Rätsel für Denker und Tüftler

Band 214 Karlheinz Schüssler
Kleine Geschichte der ägyptischen Kunst

Band 215 Andreas Mäckler
Was ist Liebe ...?

Band 216 Internationales Design Zentrum Berlin e.V. (Hrsg.)
Simulation und Wirklichkeit

Band 218 Joachim Petsch
Eigenheim und gute Stube

Band 219 Till Förster
Kunst in Afrika

Band 220 H. A. Ripley
»Wer ist der beste Detektiv?«

Band 221 Johannes Stahl
An der Wand

Band 222 Herbert Alexander Stützer
Ravenna und seine Mosaiken

Band 223 Rolf Harris
Cartoon-Zeichnen leicht gemacht

Band 224 Jochen Maes
Fahrradsucht

Band 225 Erwin Panofsky
Gotische Architektur und Scholastik

Band 226 Richard Kostelanetz
John Cage im Gespräch

Band 227 Oskar Bätschmann
Entfernung der Natur

Band 228 Otto J. Brendel
Was ist römische Kunst?

Band 229 Uwe Springfeld
Schreibspiele

Band 230 Kasimir Malewitsch
Suprematismus – Die gegenstandslose Welt

Band 231 Andreas Mäckler/Christiane Schäfers (Hrsg.)
Was ist der Mensch ...?

Band 232 Martin Kuckenburg
Die Entstehung von Sprache und Schrift

Band 233 Peter-T. Schulz
Erleben ist alles

Band 234 Gerhard Kebbel
DuMont's verblüffendes Fremdwörterbuch

Band 235 Hans-Thomas Gosciniak (Hrsg.)
Kleine Geschichte der islamischen Kunst

Band 236 Klaus Eid/Hakon Ruprecht
Collage und Collagieren

Band 237 Andreas Verstappen
Waechters Erzählungen

Band 238 Michael Jäger
Die Theorie des Schönen in der Italienischen Renaissance

Band 239 William C. Seitz
Claude Monet

Band 240 Cristina Perincioli/Cillie Rentmeister
Computer und Kreativität

Band 241 Internationales Design Zentrum Berlin (Hrsg.)
Energien gestalten

Band 242 Dan Ritchard/Kathleen Moloney
Die Kunst des Bauchredens

Band 243 Michael Holt
$3 \times 3 = 9$?

Band 244 Felix Thürlemann
Vom Bild zum Raum

Band 245 Ralph Tegtmeier
Sternenglaube – Sternenzauber

Band 246 Günter Spitzing
Athos

Band 247 Esther und Klaus Gallwitz (Hrsg.)
Rußlandbilder

DuMont's Kriminal-Bibliothek

»Knarrende Geheimtüren, verwirrende Mordserien, schaurige Familienlegenden und, nicht zu vergessen, beherzte Helden (und bemerkenswert viele Heldinnen) sind die Zutaten, die die Lektüre der ersten vier Bände aus DuMont's neuer ›Kriminal-Bibliothek‹ zu einem Lese- und Schmökervergnügen machen – auch, wenn man sich knisterndes Kaminfeuer, die Karaffe uralten Portweins und den echten Londoner Nebel dazudenken muß.

Der besondere Reiz dieser Krimi-Serie liegt in der Präsentation von hierzulande meist noch unbekannten anglo-amerikanischen Autoren, die mit repräsentativen Werken (in ausgezeichneter Übersetzung) vorgelegt werden.

Die ansprechend ausgestatteten Paperbacks sind mit kurzen Nachbemerkungen von Herausgeber Volker Neuhaus versehen, die auch auf neugierige Krimi-Fans Rücksicht nehmen, die gerne mal kiebitzen: Der Mörder wird nicht verraten. Kombiniere – zum Verschenken fast zu schade.«

Neue Presse/Hannover

Band 1001	Charlotte MacLeod	**»Schlaf in himmlischer Ruh'«**
Band 1002	John Dickson Carr	**Tod im Hexenwinkel**
Band 1003	Phoebe Atwood Taylor	**Kraft seines Wortes**
Band 1004	Mary Roberts Rinehart	**Die Wendeltreppe**
Band 1005	Hampton Stone	**Tod am Ententeich**
Band 1006	S. S. van Dine	**Der Mordfall Bischof**
Band 1007	Charlotte MacLeod	**»... freu dich des Lebens«**
Band 1008	Ellery Queen	**Der mysteriöse Zylinder**

Band 1009	Henry Fitzgerald Heard	**Die Honigfalle**
Band 1010	Phoebe Atwood Taylor	**Ein Jegliches hat seine Zeit**
Band 1011	Mary Roberts Rinehart	**Der große Fehler**
Band 1012	Charlotte MacLeod	**Die Familiengruft**
Band 1013	Josephine Tey	**Der singende Sand**
Band 1014	John Dickson Carr	**Der Tote im Tower**
Band 1015	Gypsy Rose Lee	**Der Varieté-Mörder**
Band 1016	Anne Perry	**Der Würger von der Cater Street**
Band 1017	Ellery Queen	**Sherlock Holmes und Jack the Ripper**
Band 1018	John Dickson Carr	**Die schottische Selbstmord-Serie**
Band 1019	Charlotte MacLeod	**»Über Stock und Runenstein«**
Band 1020	Mary Roberts Rinehart	**Das Album**
Band 1021	Phoebe Atwood Taylor	**Wie ein Stich durchs Herz**
Band 1022	Charlotte MacLeod	**Der Rauchsalon**
Band 1023	Henry Fitzgerald Heard	**Anlage: Freiumschlag**
Band 1024	C. W. Grafton	**Das Wasser löscht das Feuer nicht**
Band 1025	Anne Perry	**Callander Square**
Band 1027	Josephine Tey	**Die verfolgte Unschuld**